カール・マルクスの弁明

社会主義の新しい可能性のために

聴濤 弘
Hiroshi Kikunami

大月書店

はじめに

「弁明」と「弁解」とは違います。『広辞苑』によれば「弁解」とは「言いわけをすること」であり、「弁明」とは「自分の立場や事情をはっきりと述べること」、「説明して事理を明らかにすること」という意味です。私はカール・マルクスがいま歴史の審判台に立てば、自分が資本主義を徹底的に批判し、社会主義について述べたことは正しかったと思っている、しかしなぜその後の世界は自分が思ったようには変わらなかったのか、それでもいまの資本主義世界を見ていると、自分の考えを撤回する必要はないと思うが、ともかくよく議論してほしい――そう「弁明」するのではないだろうかと思います。そのことを本書で書きたいと思っています。

●金融危機と近代経済学の告白

二〇〇八年九月にアメリカで端を発した金融危機は、一挙に世界を覆いました。イギリスのエリザベス女王は株式市場の急落で数週間のうちに六五億円の損失をこうむったそうです。こういう女王の話はともかくとして、日本でも老後のために株を買っていた庶民が一瞬にして、一〇〇〇万円を失ったという報道もありました。金融危機による不況の影響はただちに世界の産業分野に広がり、日本では何よりもまず非正規社員にたいし「派遣切り」が襲いかかりました。二〇〇九年二月一八日現在の調べでは、「派遣切り」は三月までに実に一五万八〇〇〇人に及びます（厚生労働省の集計）。影響は正規社員にも波及し、ソニーは世界中で八〇〇〇人を解雇、NECも正規、非正規を含めて二万人を解雇するという状態です。派遣・請負企業の団体の調査によれば三月末までに製造業で約四〇万人が職を失うという結果がでています。中小企業はますます苦境にさらされ、倒産必至の状況に陥っています。

こういう事態にたいし、資本主義を擁護する近代経済学派の人々はどう言っているでしょうか。「資本主義社会は本質的に不安定なものである……（資本主義には）目標とすべき理想状態はなく、セカンドベスト（次善の策のこと―引用者）を目指すしかない。危機のたびに、国家資金の注入や、ある程度の規制など、理論的に裏付けされた対策でパッチワーク（つぎはぎ細工のこと―引用者）をしていくしかない」（岩井克人氏『朝日新聞』二〇〇八年一〇月一七日付）と言っています。また、いま大学の教科書にもなっている『経済学』の著者・ポール・サミュエルソン氏は、近代経済学でもリベラル派と見なされている経済学者ですが、彼は今回の事態は市場万能主義の「新自由主義」がもたらしたものであり、「規制緩和をやりすぎた資本主義は、壊れやすい花のようなもので、自らを滅ぼすような事態に陥ってしまう」とブッシュ前政権を批判しますが、「今回の危機の克服に当たっても……結局、財政支出」の「拡大」以外には手はないと述べています(『朝日新聞』二〇〇八年一〇月二五日付)。

つまるところ、近代経済学派は資本主義というのは危機を繰り返すものであり、危機がおこればそのつど、国家資金の注入、財政支出の拡大という方法で危機を打開するしかないというのです。国家の金と気安くいいますが、それは国民の血税です。資本主義経済の危機にたいし、その犠牲を国民に押しつけ、その場その場を取り繕うしか方法はないと言っているわけです。国民のあいだでもいま大企業が潰れてしまったら大変だ、だからこの「救済策」を認めるしかないという意見もありますが、近代経済学派は資本主義とはそもそも原理的にそういうものなのだと告白しているわけです。

●「蟹工船」の怒り

しかし、これにいつまでも我慢していることができるでしょうか。「おい、地獄さ行ぐんだで!」で始まり、「お前達をどだい人間だなんて思っていない」という監督のもとで、漁夫や工員が文字どおり「地獄船」のなかで働かされ、最後にストライキに立ち上がっていく様子を克明に描いた、戦前のプロレタリア文学の代表作である小林多喜二の「蟹工船」ブームが起こりました。これはあまりにもひどい、非人間的な今日の日本資本主義の現実の反映であることに疑問の余地はありません。

いまや日本の就業人口の三割以上（実数一八〇〇万人）を占める非正規社員が、「蟹工船」同様といってもいい劣悪きわまりない条件で働かされています。不況が起こればすぐに切り捨てられます。トヨタ自動車は「ジャスト・イン・タイム」方式といって、一切の在庫を持たないようにするため、下請け会社に作らせる部品をコンベアーの回る時間に合わせて納入させるシステムを以前から導入していましたが、いまや大企業は人間までをも非正規社員として、その日かぎりで雇い、不要になればすぐ切り捨てる「人間ジャスト・イン・タイム」方式をつくりあげています。正規社員も「成果主義」が押しつけられ、心の病や自殺に追い込まれています。電機産業のある大手では、自殺防止のために屋上を閉鎖することまでしたと伝えられています。

いま、このようなひどい労働条件の抜本的改善、福祉・医療、年金・介護問題の抜本的改善、農業と地球環境をまもる問題等々を、資本主義の枠内で民主的に解決し、少なくともヨーロッパの水準や国際条約の求める水準を踏まえた「ルールある資本主義」に日本を改革することが急務となっています。そのために、非正規社員が全国で約一二〇の労働組合を結成し「派遣切り」を許さない闘争を開始したり、また後期高齢者医療制度の廃止を求める闘いが高まるなど、国民生活のさまざまな分野で、新しい運動がいま大きく起こりつつあります。いすゞ自動車では、いったん決めた「期間工」の解雇を撤回させるという事態もつくりだしました。

●改めて「資本主義の限界」をみる

それにしても、今回の危機にたいする米欧日政府の対策は「資本主義の限界」を改めて見せつけています。国によって違いはありますが、結局、本能的、機械的におこなったのは公的資金の投入です。一九七〇年代初めから少なくとも今回の金融危機までは、すべてを市場にまかせ、国家が経済に介入しないようにすることが経済発展になるという、「市場万能主義」の「新自由主義」政策がとられました。アメリカのブッシュ前大統領もその旗降り役をかってでました。今回の危機が「新自由主義」経済政策の破綻であることは、多くの論者の一致した見解です。ところがブッシュ前大統領は、なんの反省もなく今回の危機にあたり七〇〇〇億ドル（七七兆円）の国家資金を投入しました。これは二〇〇八年度の日本の一般会計予算（八三兆円）に近い規模のものです。ケインズ顔負けです。なにが「市場万能主義」だったのでしょうか。

ケインズはいうまでもなく、一九二九年にやはりアメリカから端を発した金融危機と世界大恐慌にたいし、国家資金を大規模に注入して需要をつくりだし、事態を安定させるという経済政策を打ち出しました。その政策は一九三〇年代から六〇年代にかけて各国で採用されましたが、六〇年代末には財政赤字の急速な増大と、経済的波及効果が以前のように及ばなくなったこと、またその間に肝心の恐慌現象や失業も起こり、各国政府によって放棄されました。

いま少し広い視野にたってみると、大規模な国家資金の投入によって、これから新しいフロンティアが開かれるわけではありません。ケインズ研究者として有名な宇沢弘文・元東京大学教授は今回の事態にあたり、ケインズの主著である『雇用、利子および貨幣の一般理論』の「一般」

という形容詞は、「大量失業の発生や不安定な物価の動き、極端な財政不均衡がむしろ〝一般的〟という意味」であり、資本主義とは本来的にこういうものなのだということを前提にした理論であると指摘しています（雑誌『世界』二〇〇九年一月号）。

●ジャーナリズムや財界からも

いま時代は変わりつつあります。ソ連が崩壊したとき、「資本主義万歳、歴史はこれで終わった」と資本主義の「勝利」に歓喜して、世界的に有名になったフランシス・フクヤマ氏が、今度は打って変わってアメリカ資本主義を「再び輝かせるためには、ゼロからの再構築というハードルを越えなければならない」（『ニューズウィーク』日本版、二〇〇八年一〇月二九日号）と言っているのは、ニューヨークの株の大暴落によく似ています。

日本ではいまジャーナリズムでも、「資本主義は限界か」というテーマが論じられています。また財界のなかからさえも「経済同友会終身顧問」の品川正治氏が、「資本主義のシステムも行き着くところまで来ているという感じです。私なんかも日常使わない言葉ですが、〝新しい社会主義〟ということを考えざるをえない」、「ソ連型でないものを」考えることが「ものすごく必要じゃないかと思う」と発言しています（二〇〇八年一月、日本共産党・志位和夫委員長との対談）。

●ヨーロッパでも

ヨーロッパでもここ数年間、マルクスの「再評価」が起こっています。今回の金融危機後、ドイツの『シュピーゲル』誌、イギリスの『タイムズ』誌が「資本主義限界」論、「マルクス再評価」の記事や特集を組んでいます。面白いのはヨーロッパ左翼からの「マルクス再評価」だけではなく、経営者側が近代経済学では資本主義のことが分からなくなった、資本主義の最大の批判者であるマルクスから学ぼうという動きが、この背景にあるということです（詳しくは第六章「資本主義の限界と社会主義の展望」）。

私はこういう時代に、実践的には「派遣」問題等々にみられるような「ルールなき資本主義」を資本主義の枠内で民主的に変革することを目指すとともに、「経済社会体制」論として、社会主義についても大いに語り合う必要があるのではないかと思います。人類の歴史が「利潤第一主義」の資本主義で終わるなどというのは、あまりにも人類史を切りちぢめる情けない話であり、人類にはそれを乗り越える新しい社会があることを話し合うのは、きわめて重要なことだと思います。それはより大きな視野で日本と世界の将来を見ることになると思います。

私はソ連は社会主義ではなかったと考えています。品川氏の言葉でいえば「ソ連型でないもの」を真剣に追求するためにも、このことは後できちんと述べるつもりでいます。

そこで何よりもまず、マルクスは社会主義について何を言ったのか、言い方は難しいが案外誰もが考えていることと同じではないのか、といった問題から本書を始めたいと思います。そして今日の資本主義を見れば、社会主義の意義は失われるどころか、ますます大きくなっていることを述べたいと思います。

本書はこれから初めてマルクスに接する若い読者を対象としたものです。そのため、私は自分の考えを押しつけることのないように、各種の異論も紹介することにしています。

同時に社会主義の「経済的基礎」とは何か、「計画経済」とは何かなど、これまで議論されてきた諸問題についても、私の考えを述べていますので、社会主義論に従来から関心があった方々にも読んでいただき、ご批判を受けたいと思います。

なお本書の一部分は雑誌『季論21』（二〇〇八年、秋号）に発表しました。それも本書ではいろいろな章に分解しておさめたので、本書はすべて書き下ろしたものです。マルクス、エンゲルス、レーニンの古典からの引用は、収録されている本のページ数も明記しましたが、その他の著書は煩雑さを避けるため書名の明記にとどめました。

本書の執筆を勧めてくださったのは、大月書店の松原忍氏です。そのうえ内容に関連して貴重なご意見をいただき、編集上のお世話にもなりました。あわせて氏に心からのお礼を申しあげる次第です。

二〇〇九年三月

聴濤　弘

カール・マルクスの弁明―目次

第二章　レーニンの苦悩と社会主義論

第五章　市場経済を通じて社会主義へ

第六章　資本主義の限界と社会主義の展望

序章
社会主義思想の誕生と若いマルクス

一、人間なら誰でも考えること

私はいま若い世代の思想動向に大きな変化が起こりつつあるように思います。あれこれの本を読んでいるうちに大変興味ある本を見つけました。

●『〝はだかの王様〟の経済学』を読む

若い（?）四四歳の松尾匡・立命館大学教授が書いた『〝はだかの王様〟の経済学――現代人のためのマルクス再入門』という本です。氏がなぜマルクスについて改めて考えてみようと思ったのか、その動機が本の「おわりに」で大要つぎのように書かれており、なるほどという思いがしました。

――自分たちの世代は、いろいろな経験をしたけれども、ともかく主義主張をおしつけ、個人の自由を押さえつけようとすることから解放されたいと思って生きてきた。そして世の中に真理などというものは存在せず、各人がさまざまな生き方をすればいいのだという「相対主義」が、とても「説得力」をもっていた。だから保守主義とか国家主義とかだけではなく、欧米主義もマルクス・レーニン主義も、近代人権思想も、いかなる主義主張も、堅苦しいもので、そういうものに飲み込まれるな、それら全てを「茶化せ、パロディーにしろ、あくまで軽く、あくまで楽しく、それが私たちのスローガン」だった。

そう考えているころにバブル景気がおこり、自分たちの考えていたとおりになったと「高揚感」に浸った。そのうえベルリンの壁が壊されソ連・東欧が崩壊したときは感動した。ところが同時にバブルも崩壊した。思想のおしつけから解放された人間は、みな幸福になれると思いきや、それが「小さな幻想」にすぎなかったことがわかった。自分たちのどこが間違っていたのか、だんだん息苦しくなり、苦悩がはじまった。世の中を「茶化」して生きていくことはできない、「社会システム」が「愚行」を生むことをよく認識する必要がある、ここにこの本を書いた動機がある——おおよそ以上のようなものです。

氏は私もあとからとりあげる、マルクスの人間「疎外」論をとおして社会を分析することにその本を当てています。「社会システム」の愚行を知るためには、誰でも一度はマルクスについて考えてみる必要性があるというのが氏の考えです。

そこでまず私は、マルクスの思想というのは実は誰もが考えているところから始まっていることを強調したいと思います

●ルソーとカストロ

社会主義思想は、マルクスが考えはじめたものではありません。松尾氏がいったんは「茶化

せ」と考えていた「近代人権思想」を受け継いで生まれたものです。それは自由、平等という思想です。それに慈愛というか博愛というか、相互扶助というか、いまの言葉でいえば社会保障の思想です。

一八世紀の一七八九年七月一四日から始まったフランス大革命の思想的支柱となったのは、ルソーなどの「近代人権思想」にもとづく、フランスの「啓蒙主義」でした。ルソーは「人間は自由なものとして生まれた」と宣言しました。しかしながらいま人間は「いたるところで鉄鎖《てっさ》につながれて」おり、したがって「人民は自由を奪い返さなければ」ならない、また土地は「平等」に分け与えられなければならず、「道徳上、法律上の平等を打ち建て」なければならないと主張しました。貧民には「慈悲」を与えなければならないとも主張しました。そしてこういう原則をお互いに約束しあい、「自由で平等な人間が自分の身体と財産を防衛し保護する社会形態」を作らなければならないと説きました。これがルソーの『社会契約論』です（『ルソー全集』第五巻）。

この思想が封建的君主制を倒し立憲君主制にし、封建的な身分制度を廃止し、また封建的土地所有も撤廃したフランス大革命の精神的支柱となりました。革命と同時に発表されたフランスの「人権宣言」の第一条には次のように書かれています。

「第一条　人は自由かつ権利において平等なものとして出生し、かつ生存する」。

これはいまなら誰でも考える普通のことです。エンゲルスは、マルクスとともに打ち立てた「近代の社会主義」というのは、「一八世紀のフランスの偉大な啓蒙思想家たちが立てた諸原則を受けついで」（「空想から科学へ」全集一九巻、一八六ページ）、発展させたものであると述べています。フランス文学の研究者である元京都大学教授の桑原武夫氏によれば、キューバのカストロは若いときいつもこの『社会契約論』を「たずさえていた」とのことです（『世界古典文学全集』第四九巻「ルソー」解説）。

●三人の空想的社会主義者

このルソーたちの「啓蒙主義」をさらにおしすすめる人々が一九世紀に現れました。それが三人の空想的社会主義者、サン・シモン、シャルル・フーリエ、ロバート・オウエンです。ルソーの自由、平等論は世界史的意義をもつものの、貴族、封建領主にたいするブルジョアジー（資本家）の自由であり平等であって、労働者の自由、平等ではありませんでした。労働者は『社会契約論』には登場していません。そこで三人の空想的社会主義者の著書を当たってみると、マルクス、エンゲルスが彼らから多くのことを学んでいることが分かります。

まずサン・シモンですが、彼は人類（人間）を三階級に分類しました。彼は『産業者の教理問答』のなかで農業者、製造者、商業者を「産業者」として一つの階級とし、それ以外に「貴族」と「ブルジョアジー」の二つの階級が存在するとしました。そして「産業者」が「最高の地位を占めるべき」であり、それは「産業者」だけが物質的富をつくりだし、他の二階級はその「おかげをこうむって生活している」からだと述べています。そこには国家予算をめぐって事実上、階級闘争が存在していることも描かれています。しかし実際には国王の慈悲によって「最高の地位」が実現するとしています。サン・シモンの最後の著作である『新キリスト教』のなかで、彼は「産業者」が自分たちの要求を請願書にまとめ、寛大な国王に提出し、国王がまとめる「博愛的計画を全力をあげて支持すること」によってそれは実現されると書いています。また『新キリスト教』のなかで彼はキリスト教が「人間は互いに兄弟として振る舞うべし」と教えているので、人々がこの根本原理に立てば成しうることであるとしています。

（注）マルクスは『資本論』第三巻でサン・シモンが直接、労働者階級の代弁者として現れるのは『新キリスト教』のなかだけで、それ以前の「すべて」の著作では、ブルジョア社会が賛美されていると述べています。第三巻を編集したエンゲルスは、これではまずいと思い「もし原稿に手を加える機会があったら、マルクスはきっとこの箇所をひどく書きなおしたことであろう」という「注」をつけ、サン・シモンの初期の著作に曖昧さがあったとしても、それは当時のフランスの経済的政治的状態のためであり、彼はブルジョアジーとプロレタリアートとの対立を意識していた。マルクスも「後には」サン・シモンの「天才と百科全書的頭脳」に「ひたすらに感嘆」していたと述べています（全集二五巻b、七八〇、七八一―七八二ページ）。

シャルル・フーリエは『産業的協同社会的新世界』のなかで、歴史には発展段階というものがあり、これまでの歴史を未開、野蛮、文明（ブルジョア社会）という三段階に区分できるとし、このあとに人間は「協同社会的統一へ到達する」と述べ、将来社会は「諸協同社会」を基礎とする社会であるとしました。しかし、それを実現する方法は教育であると考えました。さらにフーリエは人間の「情念」というものを重視し、これを思う存分発揮させることによって生産力を大規模に発展させることができると考えました。

エンゲルスは、サン・シモンが「天才的な視野の広さ」(「空想から科学へ」全集一九巻、一九三ページ)をもった思想家であったとすれば、フーリエもまた世界を歴史的な発展段階の視野からみるという「最も偉大」(同上、一九四ページ)な見地をもった人物だと指摘しています。同時にフーリエは面白おかしくブルジョア社会を痛烈に批判しているので、「最大の風刺家のひとり」(同上、一九三ページ)となったとも述べています。

ロバート・オウエンはむしろ実践家として有名でした。彼は消費協同組合や生産協同組合を設立したりしました。またスコットランドのニュー・ラナークの大紡績会社の役員として、当時では考えられなかったような、労働者に有利な条件のもとで会社を運営したり、最後にはアメリカに二万エーカーの土地を買い、彼の描いた計画にもとづく「共産主義社会」をつくりましたが、これは完全に失敗しました(同上、一九五、一九七ページ)。彼は『社会制度論』のなかで、彼の「協同組合社会」(共産主義社会)の仕組みを説明しています。一定期間の労働量を記録した労働紙幣すなわち「協同社会銀行券」を使って生産物の交換をおこなっていくことを主張し、またそういう施設を設立したりしました。ただフーリエはそういう社会を実現するためには、やはり国民的な教育が必要であると考えました。

国王の博愛とか宗教教育といったことを別にすると、マルクス、エンゲルスがこの三人の空想的社会主義者から多くのものを受け継いだことは事実です。人類の発展段階論、未来社会としての「協同社会」、そこでの労働証書（労働貨幣）などの概念です。マルクス、エンゲルスが打ち立てた社会主義論とは、これらの人類の英知を発展させたものです。

それではこの思想史の流れのなかで、マルクス、エンゲルスは先人たちの何を発展させ、徹底化しようとしたのでしょうか。それは先人たちがもつ「空想」性を「科学」とすることでした。マルクスとエンゲルスは人間社会の歴史の発展にも客観的な法則があるはずであり、また現在の資本主義社会にも客観的な法則があるはずだと考え、その法則を発見することによって「空想」を「科学」にしようとしたのです。

しかしいくら天才といえども、すぐに法則を発見できたわけではありません。二人の懸命な努力が始まります。

二、若いマルクスは何を考えていたのか

この努力のなかで二六歳のマルクスは、人間はこの資本主義社会のなかで「疎外《そがい》」されていると考え、一八四四年に「経済学・哲学手稿」という論文を書きました。よく「経哲手稿」と呼ばれている文献です。

●魅力的な人間「疎外」論

この論文は「疎外」のことだけではなく、アダム・スミスの経済学の批判や、これまでのさまざまな社会思想の批判・評論などをおこない、その後のマルクスの学説となっていく多くの問題も論じています。しかし「経哲手稿」といえば「疎外」論というふうに理解されています。この部分は猛烈に難解です。しかしいまの社会では、人間は疎外されている、自分が自分でないのだ、といっているのだろうということが、おぼろげながら分かります。それは世の中に不満をもち、青春時代の独特な苦悩を味わう青年にとっては、いつの時代にあってもきわめて「魅力的」なテーマであり、心を引かれるものです。私が社会人になり知り合った友人のうちの何人かも、マルクスに興味をもったのは「経哲手稿」の「疎外」論だったといっています。

こういう難解な論文であっても、一カ所だけ非常によく分かるところがあります。それを引用し、それを手掛かりにマルクスが何を言いたかったのか、私の理解を最大限平易に述べることにします。

「（人間は労働しなければならないが）労働していないときにアット・ホームであって、労働しているときにはアット・ホームではない。それゆえに彼の労働は自由意志的なのではなくて、強いられたもの、強制労働である」（全集四〇巻、四三四ページ）。

これなら誰にでも理解できるでしょう。マルクスはこういうことを述べながら、人間の労働は四つの形態で「疎外」されていると言っています。

第一の形態は、「労働の産物は労働にたいして一つの異物」（同上、四三一ページ）になるということです。これは労働者が労働して生産物を作っても、その生産物は自分のものにはならず、他人のものになってしまうということを言っているのだと思います。

第二の形態は、「生産の行為のうち、生産的活動そのものの内側」（同上、四三四ページ）でも疎外されているということです。これはいま引用したように生産活動そのものがアット・ホームではなく、人間は強制労働をさせられているということです。

第三の形態は、以上二つの疎外からでてくるものであるとして、「疎外された労働は……人間から類を疎外する」（同上、四三六ページ）ということです。これはマルクスの説明を読んでも理解するのがとても難しいところです。初期マルクスについても造詣の深い元東北大学教授・服部文男氏も、この第三の形態は「すこぶる難解であって、その真意をとらえることがいちじるしく困難である」（『マルクス主義の形成』）と述べています。学者でもない私がどれだけ理解しえたかはすこぶる問題ですが、マルクスが言わんとするところは要するに次のようなことだと思います。

人間も共同して生存している点で各種の動物類、魚類、鳥類等々と同じように類（人類）である。しかし動物類と違うのは、人間（人類）は目的意識的に、すなわち精神労働をともなって自然に働きかけて生産する。動物も生産するが、それはただただ直接、肉体的必要から生産するだけである。ところが「疎外された労働」は人間の労働をも、ただ人間の「肉体的生存の手段」にしてしまっている。人間労働は「疎外された労働」になってしまっている。動物とは違う人間の

「精神的本質」、自由で意識的な「人間的本質」が奪われている。すなわち人間が本来の類としての人間ではなくなり、類から疎外されてしまう。マルクスはこういっているのだと、私は思います。

難解なだけにいろいろな説があり、自分の理解だけが正しいなどとはとても考えていませんが、私としてはこういう理解で自分を納得させています。

第四の形態は以上すべてをあわせて「人間の人間からの疎外」（同上、四三八ページ）ということです。これは人間社会において人間が人間に対立する、すなわちある人間にたいし他の人間が対立することであり、人間を自然のなかでとらえるだけでなく、社会関係のなかで人間をとらえようとするものだと思います。

●「疎外」論のもつ意義

以上の四つの疎外形態のうち、第一の形態は労働者が生産した生産物を資本家がもっていってしまうという、マルクスが後に「搾取」という概念で言い表したものに通じます。第二の形態は労働過程が労働者にとって、「アット・ホーム」ではなく、苦役であり、後にマルクスが資本主義の発展によってますます搾取が強化されることを明らかにしたことにも通じるものだと思います。第三の形態については、後にマルクスが「肉体労働」と「精神労働」の対立というとらえ方をしたことに結びついています。同時によくマルクス主義（科学的社会主義）といえば何事も「物」

としてとらえ、人間の「精神」など問題にしないイデオロギーであるかのようにいわれることがありますが、私はマルクスがいかに人間の意識、「精神的本質」を重視していたかを示すものとして、この第三の形態がもつ重要性を強調したいと思います。最後は人間社会における階級闘争という史的唯物論に通じていく考えであると思います。このように「経済学・哲学手稿」は「若い」マルクスを「成熟した」マルクスにしていく過程におけるきわめて重要な意味をもつ論文です。

これにたいし「疎外」というのは哲学上の用語であり、それを経済学的にみれば「搾取」を意味するのだから、「疎外」論などとして特別にこの論文を重視して論じることはやめるべきだという説もあります。「疎外」というのはたしかに哲学上の概念ですが、それを経済学上の「搾取」だけに矮小化《わいしょうか》してしまえば、マルクスが人間の「精神的本質」といった、大きな視野から人間をとらえようとしていることが理解できなくなります。やはり「疎外」論は「疎外」論として必要であり、意義のあることだと思います。また人間の「精神的本質」などというのは、誤った観念論を引きずったもので、「疎外」論はそもそもマルクスの若い時代の誤りであるという説もあります。これは旧ソ連の一部の学者がとなえたことがあったと思います。

それとは反対に「疎外」論こそは、マルクスが労働と資本の対立を中心軸として社会をとらえるのではなく、人間を人間として重視したこと、階級対立のなかに人間をおかない「市民」を重視していたことを示したものであり、マルクスの思想をみるうえできわめて重要な意義をもつものだという説もあります。これは日本でかなりあった議論だと思います。

私がこれらのすべての説に賛成できないのは、疎外の四つの形態についての私の理解からみてお分かりいただけると思います。

●マルクスがマルクス主義者になる

しかしここで大きな疑問がでてきます。それは「疎外された労働」というのは、そもそもどこから生まれてくるのかという問題です。マルクスは「神々か?」(同上、四三九ページ)と皮肉っています。マルクスは「私有財産」が「疎外された労働」を生むとして、「疎外された労働は私的所有の直接的原因である」(同上、四四一ページ)と述べています。しかしこれでは答えは不十分です。なぜなら「私的所有」はどこから生まれてきたのかという疑問が次にでてくるからです。残念ながら「経済学・哲学手稿」では答えはでてきません。また「疎外された労働」ということ自体、「一つの事実として受け取って、この事実を分析してきた」(同上、四四二ページ)までのことだと述べ、あれこれと因果関係を云々しないという立場も明らかにしています。このあたりが若いマルクスの「経哲手稿」の限界であったのかなと思います。

この後マルクスは独自で、あるいはエンゲルスと共同で、実に精力的に研究し、その成果を発表していきました。この研究を通してマルクスは社会主義を「空想」から「科学」へかえる「二つの偉大な発見」(全集一九巻、二〇六ページ)をしました。一つは「唯物論的歴史観」すなわち

「史的唯物論」です。もう一つは資本家はなぜ利益を得るかという資本主義的生産の秘密を暴いたことです。このことによって、マルクスはマルクス主義者になったのです。マルクスは社会主義とは何かについて教科書風にまとめたものを書いたことはありません。したがって次章からのマルクスの社会主義論は、この二つの発見に即して展開することにしたいと思います。

なおエンゲルスはこの間に古典的大著『イギリスにおける労働者階級の状態』を書き、イギリス資本主義を徹底的に告発しました。レーニンはこの本はイギリスの労働者の困窮状態について「心をゆるがすような描写にみち」ており、「それが呼びおこした印象はじつに巨大であった」(「フリードリッヒ・エンゲルス」レーニン全集二巻、七ページ)と激賞しています。『蟹工船』とともに昨年ベストセラーになった、『カラマーゾフの兄弟』を書いたドストエフスキーの処女作『貧しき人々』も、この世のまさに「貧しい人々」の哀れな姿をリアルに描き、ロシア文壇で一挙に称賛を浴びた小説です。宮本百合子が一七歳のときに書いた処女作『貧しき人々の群』も、当時の農民の貧困状態を実に克明に伝えたものです。洋の東西を問わず、虐げられ苦しむ人々の真実を描くこと、それ自体が人々に強烈な感情を引き起こし、人々の心を揺るがすことを示しています。

序章を終わるにあたり、マルクス、エンゲルスもこのヒューマンな感情を心底にいだいていた人物であり、そのことが人類の進歩の理論を打ち立てる土台となっていたことをつけ加えておきたいと思います。

第1章 マルクスの社会主義論

いま若い人々の意識が変わりつつあるということは先に述べました。これはたしかなことですが、具体的に社会とは何かという問題をとりあげると、「世の中」という漠然とした感覚は持つものの、それは何なのかという明確な意識がない場合が多いのではないかと思います。そのため自分がうまくいかないと、それは自分の努力が足りないからだと思い込み、自らを追い詰める結果になることもあります。これには「社会とは個人の集まり」のことであり、「個人の選択によって社会ができる」という「方法的個人主義」と呼ばれる考えがいまかなり広くいきわたっていることが関連していると思います。しかし個人の好みや選択で社会が形成されるものでないことは、いま日本社会の重大問題となっている非正規社員の問題をみれば一目瞭然です。非正規社員が好んでこの道を選んだのでないことはいうまでもありません。

マルクスは社会は個人の好みで形成されるものではなく、生産力の発展に応じて形成される客観的な存在であること、また歴史的にはさまざまな形態の社会が存在してきたし、今後も新しい社会が発展していくことを法則として明らかにしました。これがマルクスが発見した第一の法則です。第二にマルクスは歴史的に多様な形態をとってきた社会のうち今日の社会――資本主義社会はどのような仕組みになっているのか、その法則を明らかにしました。これがマルクスの発見した第二の法則です。こうして「社会と、その発展の法則、今日の社会の立体的構造」を解きあかしたのがマルクスです。

一、マルクスが発見した社会発展の法則――「史的唯物論」

まず第一の法則からみていきます。マルクスはここから世界観として資本主義の後には社会主義がくるのは必然であるという結論に到達しました。

一八世紀末から一九世紀前半に活躍した哲学者であるヘーゲルは、あらゆるものに運動・変化・発展があるという弁証法を確立した偉大な人物でした。しかしヘーゲルは自然からも人間の意識からも独立した「絶対的理念」というものが存在するという観念論の立場に立ち、その「理念」が運動・変化・発展の内容を決めていくと考えました。したがって人間の歴史も、この「絶対的理念」が現実化されていく過程であるととらえました。

また一九世紀に活躍した哲学者フォイエルバッハは、ヘーゲルとは違って唯物論の立場に立ったすぐれた思想家であり、観念論が伝統的であったドイツでマルクス、エンゲルスに大きな影響を与えました。しかしフォイエルバッハは人間については歴史や社会など「現実的世界」から切り離し、「人間なるもの」という抽象的、観念的な概念でとらえました。

●二人の巨人を克服して

マルクスはこの二人の立場を克服し弁証法と唯物論の立場から、「史的唯物論」という、人間社会の発展の客観的法則を発見しました。このことをマルクスはエンゲルスとともに『ドイツ・イデオロギー』（一八四五―四六年執筆）のなかで明らかにしました。マルクスが「史的唯物論」をもっとも正確に定式化したのは、一〇年近く後の『経済学批判序言』（全集一三巻、六～七ページ）のなかでした。そのため『ドイツ・イデオロギー』はマルクス、エンゲルスが過去のさまざまな思想から抜けだし、科学的社会主義に到達しようとしているときの苦悩の労作といわれています。私はそれだけにマルクス、エンゲルスの生の声が聞こえるように思います。そこで、この労作にもとづいて二人が社会主義論をどう展開したかを明らかにしたいと思います。

二人は「あらゆる人間歴史の第一の前提」は「生きた人間」（同上、一六ページ）であるとして、人間は今日の資本主義社会が生まれるまでに、生産力の発展に合わせて、部族社会、古代的な共同体社会、そして封建社会を通ってきたことを歴史的事実として解明しました。これは「理屈」ではなく事実の問題として明らかにしました（全集三巻、一八～二一ページ）。

マルクスはこの歴史的事実のなかから、生産力が発展すると人間社会の仕組み（生産関係）も変わり、人間は「生産力とこれに照応する交通」（生産関係のこと―引用者）に「条件づけられる」（同上、二二ページ）という法則を引き出しました。まず分かりやすい例をあげます。

封建社会から資本主義社会へと人間社会は発展しましたが、それは生産力の発展水準としては農耕を中心とした封建制度のなかに、手工業などを中心としたより高い生産力をもった資本主義的な生産のやり方が生まれ、資本家がその生産力をさらに発展させ利益を大きくしていこうとすれば、封建制度の枠組み（生産関係）が邪魔になり、どうしてもこれを打ち破る必要性が生まれるからです。

●生産力の発展と生産関係の矛盾

このことをもう少し具体的にいうとつぎのようにいえます。まず第一に封建社会の最も基本的な人間関係は、土地を主要な生産手段とした封建領主と農奴との階級関係です。農奴は自分がかろうじて生きることができる最低限のものを自分の土地でつくり、それ以外の時間と日々は封建領主や地主の土地で、彼らのために働かなければなりません。一方、都市や町では商業や手工業が存在し、物と物の交換をおこなう市場が生まれ、生産力が発展します。新しい自然の法則の発見や、新たな技術の開発なども生産力を発展させます。この過程のなかで都市には新しい階級として資本家が生まれてきます。

そうすると第二の問題が起きます。それは発展した生産力が、これまでの生産関係と矛盾するようになるということです。封建制度は土地を基本的な生産手段としていますから、封建領主は自分の領地が外部から侵されないようにするために、厳重な閉鎖社会をつくっています。またすべての人々は封建的身分制度のもとで領主の支配に服従しなければなりません。ところが新しい生産力の担い手である資本家は、こういう地域的閉鎖性と身分制度の枠をとりはらい生産力が狭い地域的限界をこえて外に向けても発展していくことを望みますし、封建的身分関係も廃絶し封建領主の支配から脱却しようとします。そのため資本家階級は政治権力を握り、資本主義制度を全国的に確立しようとします。マルクス、エンゲルスは資本家がおこなう「自由競争はどこでも革命によって獲得されなければならなかった」（同上、五五ページ）と述べています。フランス大革命はこのことを鮮明に示したものです。

このようにしてマルクスは、生産力の発展に応じて社会の枠組み（生産関係）が形成され、さらに生産力が発展すると、それが旧い生産関係と矛盾するようになり、新しい生産力の担い手がこの矛盾を打ち破り、新しい生産関係をつくりだすところに人間社会の発展の客観的な法則性があることを発見したのです。

マルクスはエンゲルスとともにこのことをつぎのようにも説明しています。資本家にとって現在の生産関係（封建制度）が「矛盾」だとは感じないときには、それはそれだけのことであるが、その生産関係が自分にとって邪魔になる、すなわち「桎梏《しっこく》であるという意識」が出てきて「自己」を表現したくなると、「桎梏となった交通形態（生産関係のこと―引用者 以下、同）に代え……自己表出方法に適合した交通形態（資本主義制度のこと）がもってこられ」るとしています。さらにこの新しい生産関係も「これはこれでまた（さらに新しい人間――労働者にとって）桎梏となって、つぎにまた別な交通形態（共産主義制度のこと）に代えられる」（同上、六八ページ）と説明しています。こうして人間の歴史とは「連綿とつながる交通諸形態のこと」（同上）であると述べています。ここにマルクスは世界史の発展、人間社会の発展の法則を見つけだしたのです。

●歴史を動かす力はどこに

ここで重要なことは生産力の発展と旧い生産関係の矛盾という客観的な条件が、自動的に新しい社会への移行を実現するというのではなく、この客観的矛盾を打ち破り新しい生産関係をつくるのは人間の闘い、それぞれの社会での支配階級にたいする被支配階級の階級闘争があってこそ実現できるということです。マルクス、エンゲルスは、したがって歴史とは「諸個人そのものの力の展開の歴史でもある」（同上）と強調しています。『ドイツ・イデオロギー』の到達点をふまえて書かれた『共産党宣言』では、一層明確に「抑圧するものと抑圧されるものとは、……公然たる闘争をたえまなくおこなってきた。この闘争は、いつでも社会全体の革命的改造に終わるか、あるいは、あいたたかう階級の共倒れに終わった」（全集四巻、四七六ページ）と述べられています。人間はただ「経済的土台」によって制約されるだけではなく、「土台」にたいする「反作用」もおこすという階級闘争の理論も、史的唯物論の原則です。マルクスが発見した法則のなかには、生産力と生産関係の矛盾という客観的要因と、階級闘争が歴史を前進させるという主体的要因が含まれているということが、最も重要な点です。

●社会主義への移行の必然性

『ドイツ・イデオロギー』のなかでは生産関係のことを「交通形態」と呼んだり、それぞれの社会の経済的・社会的体制を「所有形態」と呼んだり、「市民社会」を「社会の経済構造」と規定しているために、分かりにくいところがありますが、いま述べた法則にもとづいて資本主義社会の後には、生産力の新しい担い手である労働者の社会すなわち社会主義・共産主義社会が不可避的にくること、資本主義から社会主義への移行は必然であることを明らかにしたのです。この詳しい検討はさまざまな例をあげながら後でおこないますが――とくにマルクスの第二の発見の解明と不可分に結びついています――マルクスが発見したこの人間社会の発展の法則は、人類の思想史のうえで全く新しい歴史観、世界観を打ち立てるものでした。これは一九四八年の『共産党宣言』の要となるものです。

●人間の人格形成の発展史からも

マルクスはいまみたように人類史を生産力の発展という角度から分析しましたが、それだけではなく人間の個性、人間の自立性という角度からも分析したことがあります。それは『ドイツ・イデオロギー』ではなく、マルクスが『資本論』の最初の草稿として書いた『経済学批判要綱』(一八五七―一八五七年)のなかでおこなわれています。

要約的にいえばマルクスはまず「人間は歴史的過程を通してはじめて個別化される」(前掲書

大月書店版、第三分冊、四三〇ページ）と述べています。そして奴隷、農奴はその所有者にとっては家畜と同じであり、「自然物」（同上、四二三ページ）でしかなかった。家畜は精神的意識がないので、所有者の支配におかれているという意識はないが、奴隷と農奴にとっては、それは「支配と隷属の関係」（同上、四三五ページ）であり、そこからは個性とか自立性は生まれない。資本主義になってはじめて労働者は「自然物」から脱却し、自立化し「主体的に存在」（同上、四三一ページ）するようになり、人間としての個性、人格がつくられ進化していく。ただし労働者は資本家に雇われているので、商品・貨幣・資本などによる「媒介された形態」（同上、四三五ページ）でのみ個性化し自立化している――こうマルクスは述べています。また「人格的依存関係」（同上、第一分冊、七九ページ）という概念で同様なことを説明し、「共同的生産」社会（社会主義・共産主義社会のこと）での展望について述べています。そこで人間ははじめて個人として真に自立化し「自由な人間」になるということです。このことは、すでに一八四八年の『共産党宣言』のなかで明らかにされています。社会主義・共産主義社会とは「自由な人間の結合体」であると定式化しています。

このようにマルクスが人間の人格の形成史からも人間社会の研究をおこなっていることは、彼がいかに人間というものを重視していたか、また人間としてのマルクスをみていくうえでもきわめて重要なことです。若いマルクスの出発点が人間「疎外」論であったことが思いだされます。

二、三つの顔をもつマルクス像は本当か

それではここで私がこれまで述べてきたことが読者への押しつけにならないように、いろいろなマルクス像を紹介しておきたいと思います。その点では、東京経済大学教授・今村仁司氏が著書『マルクス入門』のなかで三つのマルクス像を整理しています。しかしそれは本当のマルクス像なのか、私のコメントもおりこみながら示すことにします。今村氏は本の裏表紙で「マルクス主義・構造主義をのりこえる新しい思考の枠組みの構築」に取り組んでいる学者だと説明されています。

●「経済中心史観」

第一は、「経済中心史観」論としてのマルクス像です。これはマルクスにあっては経済関係がすべての土台（下部構造）となり、そこから人間の観念・思想や、また政治・法律・文化といった上部構造が「発生する」という「経済決定」論であると今村氏は解説し、レーニンがこの立場に立っていたし、「二〇世紀のマルクス主義者」がこの立場に立っていたとしています。

ところがこれは大きな矛盾を含んでいるといいます。「経済」がすべてを決定するというなら

「革命行動」などは必要ではなく、「待機」していれば資本主義から社会主義が生まれてくることになるというのです。そして実際、二〇世紀の初めにドイツの社会民主党がこの「待機主義」に陥ってしまい、逆にレーニンは「待機」していても社会主義がこないので「主意主義的アクティビズム」（主観主義的な行動ということだと思います──筆者）に陥り「両極分解」した。「経済決定」論というのは必然的に分裂していくものだというわけです。このマルクス像は後でマルクス自身に反論してもらいますが、マルクスがいかに人間を重視し、上部構造からの「反作用」として階級闘争を史的唯物論の法則としていたかだけをみても、マルクスが「経済」がすべてを決定するというような立場には立っていなかったことは明白です。

●「実践的主体」論

第二のマルクス像は、「経済中心史観」を否定し、「主体」を重視する見地に立った「実践主義的主体」論にもとづくものです。これは一九二〇年代にハンガリーの哲学者ルカーチが「実践的主体性」論と名づけて主張したものだといわれています。労働者はもっと階級意識をもたなければならない、賃上げ闘争をいくら拡大してもそれは資本主義の枠内のことであり、それをこえる階級意識をもち、もっと主体的行動にでなければならないというものです（『歴史と階級意識』）。私は、ルカーチの方法論にはいろいろな問題があるにしても、労働者を「賃上げ闘争」の次元にとどめておこうとする「日和見主義」を批判している点は正当なものだと思います。

いずれにせよ、ルカーチは「経済決定」論からマルクスを救い出し、歴史というものは「自然的因果律」なしに「人間的主体（個人と集団）」の行動によって作られていくという実践的弁証法を復権させたと、今村氏は解説しています。

また氏は「主体性論」は第二次世界大戦後も深く根をはり、サルトルの実存主義（世界を客観的なものとしてみず、自己の主体によって決定されるとするもの――筆者）につながっていったと述べています。サルトルはマルクス主義は科学であるのでそれを乗り越えることはできないが、科学の暴走を阻止するためヒューマニズムにもとづく「人間」復活を果たさなければならないと主張しました（『弁証法的理性批判』）。彼は、アルジェリア解放闘争、ベトナム反戦運動や核兵器廃絶の運動などに積極的に参加しました。

しかし神奈川大学教授・的場昭弘氏の『ネオ共産主義論』によると、この「実践主義的主体」論の帰結を見事に示したのは毛沢東でした。氏は毛沢東が引き起こした「文化大革命」は、意識だけでは「千年王国」を実現することができないことを事実で証明し、「実践主義的主体」論の急激な「衰退」をもたらしたと述べています。たしかに「文化大革命」は毛沢東の専制支配体制を確立するところに狙いがありましたが、そのことをいま脇におくと、それ以前の「大躍進」路線を含めて、人民の意識を変えれば共産主義社会をいま中国で実現できるという誇大妄想的なものでした。

●「構造」論

第三のマルクス像は「構造」論としてのマルクス像です。これには構造主義とは何かという解説が必要ですが、それをここでおこなう余裕はとてもありません。

それにしてもこの第三の像はどういうものかという要になるところを、今村氏にそって説明しておくとつぎのことがいえます。第一の経済決定論の「客観極」と、第二の主体性論の「主観極」の欠陥を克服し、人間社会を「アンサンブル」（総体）として把握することが大切である。人間社会をどちらかに還元してとらえることはできない。双方の関係のなかでしかとらえることはできない。その関係をつくっているのが「構造」である。この構造のなかで初めて人間および人間社会をとらえることができるというものです。この「構造」とはまさに「社会」ということではないのでしょうか。

それではなぜこれがマルクス像になるのかというと、今村氏はマルクスが『ドイツ・イデオロギー』より少し前に書いた「フォイエルバッハにかんするテーゼ」のなかで、「人間性」は「社会的諸関係の総体《アンサンブル》である」（全集三巻、五九三ページ）と述べているところに根拠があると説明しています。

●マルクスはどう言うか

ところでこの三つのマルクス像を聞いてマルクスは何と言うでしょうか。マルクスは〝多分こういうことが言われるだろうと思い、エンゲルスとともに『ドイツ・イデオロギー』の冒頭でつぎのように述べておいたではないか〟と言うでしょう。

「或るけなげな男が、あるとき、人間が水に溺れるのは重さの観念のとりことなっているからにすぎないと思いこんだ。……それを念頭から追いはらえば、水難のおそれなしと考えた」（全集三巻、一一ページ）。

まず第二の「主体性」論はこれで打ちのめされるでしょう。「経済」とか「自然」など客観的なことが先にあり、人間の観念・思想はそこから形成されてくるという立場に立たないと、人間社会もまたその発展の歴史も理解することができないというのが、マルクス、エンゲルスの根本です。このことに異論をとなえて別のマルクス像を描きだそうとするのは、自然の法則は人間がつくったものだと主張するようなものです。人間はその法則を発見し利用することだけしかできません。

この根本に立ったうえで、マルクスは「経済中心史観論」者、「経済決定論」者などと自分を描くのはとんでもないことだ、と言うでしょう。マルクスは先の「フォイエルバッハにかんするテーゼ」のなかで、フォイエルバッハの「唯物論の主要な欠陥は対象、現実、感性がただ客体の、また観照の形式のもとでのみとらえられ、感性的人間的な活動、実践、として、主体的にとらえられないことである。それゆえに能動的側面は、唯物論に対立して抽象的に観念論……によって展開されることになった」（同上、三ページ）と書いています。

経済的変化が客観的にあっても、人間の主体的な行動がないかぎり、ただ見ているだけでは人間の歴史は発展しません。史的唯物論は「経済決定論」ではなく、人間の能動的活動を必然として含むものです。ですから、マルクスはこのテーゼの最後にあまりにも有名なつぎのテーゼを書き残しました。

「哲学者たちは世界をただ さまざまに解釈してきただけである。肝腎なのはそれを変えることである」（同上、五ページ）。

●言葉だけの「構造」論

「構造」論についていえば、マルクスは、「構造主義」というのは何か知らないが、自分の人間社会のとらえ方が『ドイツ・イデオロギー』では、はっきりしないというのであれば、『経済学批判序言』を読んでほしいと言うでしょう。

くだいて引用すると、マルクスは生産力の発展段階に応じて生産関係が形成され、それが「社会の下部構造を形成する。これが実在的土台であり、その上に一つの法律的および政治的上部構造がそびえ立ち、そしてそれに一定の社会的諸意識形態が対応する」（全集一三巻、六ページ）と定式化しています。そして重要なことは「人間は……彼らの意志から独立して」（同上）一定の生産関係に入るのであって、この生産関係は嫌なので、別の生産関係に入るというようなことはできないということです。

上部構造の「反作用」を忘れないならば、マルクスの立場は明快です。私の述べたマルクスについて誤りがあったとは思いません。なお人間は「社会的諸関係の総体《アンサンブル》」であるというマルクスの定義は、その部分を素直に読めば人間性は個々人に抽象的に存在しているのではなく、下部構造と上部構造の総体すなわち社会が生みだすものだといっているのであって、「アンサンブル」とカタカナ語を強調しても特別そこから人間と人間社会について「新発見」ができるわけでもないと、私は思います（今村氏の立場はマルクスを超越したものですからここでは省略します）。

三、いま生産力と生産関係の矛盾はどう現れているか

大分回り道をしましたが話をもとに戻し、それではいま資本主義の生産力の発展が、生産関係との関連で現在どこにまで至っているのかをみてみたいと思います。資本主義は一九世紀に蒸気機関の発明と、紡績機械その他の機械類の開発によって機械制大工業を確立し、生産力を飛躍的に発展させました。一九世紀末の電力の使用に始まり、二〇世紀前半に入ると石油を動力源として、重工業、化学産業、自動車、航空産業などを発展させました。二〇世紀後半には自動装置の開発により生産面での人間労働の最小限化や、ＩＴ産業の開発による事務労働の機械化、流通面ではインターネットによる販売と卸業務の省略化という画期的発展をもたらしました。

資本主義はこのように猛烈な勢いで生産力を発展させてきました。しかし、これはいつも過剰生産を生み消費との矛盾を拡大し、その結果、生産が麻痺し生産を破壊的に縮小しなければならない恐慌・不況がともないました。当然、大量の失業者が生まれました。一八二五年に資本主義の第一回の恐慌がはじまって以来、第二次世界大戦まではほぼ十年毎に恐慌を起こし、その後も何回となく恐慌が起こりました。一〇年ほど前にはIT産業の発達で景気の上がり下がりはなくなったという「ニュー・エコノミー」という議論も起こりましたが、ついに今回の世界的金融危機と世界同時不況に至りました。資本主義は自らつくりだした生産力を自分の手のひらにのせて、自由にあやつることはできなくなり、もう自分では制御・管理できなくなっているのです。

●魔法使いに似たブルジョアジー

『共産党宣言』のなかでマルクスとエンゲルスは、ブルジョアジーとは「魔法」を使って「自分で呼びだした地下の魔力をもはや制御できなくなった、あの魔法使いに似ている」（全集四巻、四八一ページ）と書いています。ブルジョアジーは労働者の搾取という「魔法」を使って、巨大な生産力である「魔力」を地下から引き出してきたが、それがあまりにも巨大なものになり、自分でそれを制御・管理できなくなった「魔法使い」に似ているといっているわけです。資本家階級は封建制度から移行する際のように、新しい生産力の担い手ではもうなくなったのです。

しかしだからといって、歴史の舞台から自らおりるようなことは絶対しません。マルクスは

『資本論』のなかで資本家階級は「労働者の健康や寿命」ですら、「社会によって顧慮されないかぎり、顧慮を払わない」（全集二三巻a、三五三ページ）と述べています。「社会的」圧力がないかぎり、絶対に自らすすんで労働者に譲歩するようなことはしません。したがってこの圧力がなければ労働者をますますひどい状況に追い込みながら、懸命に資本主義を延命させようとします。

これまで述べたことについて身近な例を二つあげてみます。

●正規社員から非正規社員へ

ＩＴ産業がつくりだす生産手段は労働をデジタル化し、従来いわゆる熟練労働者がおこなってきた仕事を単純労働者がやっていけるようにしています。労働の自動化、ＩＴ化による複雑労働の単純労働化現象といわれるものです。そうなれば単純労働でやれるのに、賃金の高い精神労働を維持しておくことは資本家にとっては矛盾になります。かつての労資関係（生産関係）の形態と矛盾することになります。したがって企業全般にわたり終身雇用の正規社員を、日雇いですむ非正規社員にどんどんと置き換えていきます。店長といっても非正規社員である名ばかりの管理職も生まれ、過労死するという例も起こっています。こうしていま日本の就業労働者の三割以上が非正規社員になってしまいました。

これによって、労働者を従来より一層ひどい搾取状態におく、新しい資本主義的生産関係の形態が形成されました（一つの同質の生産関係でも、その形態、有り様は変化するものです）。そして今回の世界同時不況が起こると、ただちに「派遣切り」が非正規社員に襲いかかりました。大学生、高校生には「内定打ち切り」が襲いかかりました。資本は正規社員を非正規社員にし、非正規社員を今度は「ホームレス」にしてしまいます。生産力の発展それ自体は人類の進歩です。しかしその生産力の担い手が誰であるかによって決定的な違いが生まれます。資本にまかせておけば、労働者の一層ひどい搾取の道具に使われます。

これにたいし労働者の激しい怒りの運動がいま発展しつつあります。この運動に多くの市民団体も協力しています。マルクスがいうように、労働者自身が生産力の新しい担い手にならなければならない時代が二一世紀であると言えるのではないでしょうか。

●資本主義は人類的課題を解決できるか

いま地球環境の破壊が重大問題になっています。資本主義諸国とくに先進資本主義諸国が巨大な生産手段を使って生産活動をおこなうなかで、大量の温室効果ガスを吐き出し、地球の温暖化が進んでいます。また発展途上の国々の森林を大規模に伐採し地球上に深刻な危機を招く事態が進んでいます。これは資本主義が生産力を巨大なものに発展させた結果、人類の生存する場所である地球の環境さえも、資本の手では管理できなくなったことを示すものです。

ブッシュ前アメリカ大統領は、アメリカが温室効果ガスの排出量を削減すれば生産が落ち国際競争に負ける、アメリカの国益をかけて削減協定（一九七七年京都議定書）を廃棄すると公然と言い放ち、議定書から脱退しました。これが資本主義です。

昨年の洞爺湖サミットでは一応アメリカも同意して合意文書をまとめましたが、一番大事な削減目標を明らかにせず、京都議定書のときのような重みとインパクトはありません。EU諸国が地球環境保護の問題全般にわたって先進的役割を果たしていることは、私たちに希望をもたらします。しかし資本主義の無政府的な生産力の発展が、いまの地球の危険をもたらしたことは事実です。「利潤第一主義」の資本主義に民主的な規制を加え、地球をも破壊する資本主義の暴走を可能なかぎり抑えこまなければなりません。それでも資本主義では根本的転換がはかられないならば、問題の根源的解決のために「利潤第一主義」から脱却した新しい社会、すなわち社会主義へ前進していかなければならないのではないでしょうか。

マルクスは古くなったどころか、まさに個々の資本主義企業のなかでも、地球規模でも立派に「弁明」に立つことができます。

四、資本主義の対抗軸は社会主義だけか

それでは資本主義の対抗軸は社会主義だけなのか、いろいろな社会が考えられるのではないかという意見があるように思います。一番よくあるのは「福祉国家」論です。

●どう見る「福祉国家」論

一般的に「福祉国家」論とは、国家が社会保障や完全雇用の政策をつうじて経済・社会の分野に介入し、社会福祉の向上をはかっていこうとする考えです。実際にスウェーデン、デンマークなど北欧諸国では国民の高い税金による方法ではあっても、「高福祉社会」が実現されています。日本の福祉制度はもともと低いレベルにあるうえ、いまでは福祉、医療、年金、介護等々の社会福祉が切り捨てられているため、少なくともヨーロッパなみの福祉水準を実現することは私たちにとって緊急の問題です。したがって社会主義を云々する前にいまの資本主義を「福祉国家」にすることが、対抗軸になるのではないかという議論が一層強く出てくるのは当然といえます。

私自身、すでに述べたようにヨーロッパや国際条約で定めた水準に日本の福祉をもっていくことを当面の緊急課題として強く求めています。ですからいま「国民に福祉が保障された社会」をつくろうという考えに全く賛成です。

その際一点だけ見落としてはならないことがあります。「福祉国家」論には「福祉」によって労働者を資本主義のなかに「取り込んだ」ということが含意されていることです。それによってマルクスが考えていた資本家と労働者の対立という問題は、取り除かれたといわれることです。これは実際の面から見ても、理論的な側面からみても正しくありません。実際に北欧や西欧で比較的高い福祉その他の水準がつくられたのは、「棚からぼた餅」のように上から降ってきたためではありません。スウェーデンの国民も含めて一九世紀から歴史の節目、節目で――第一次世界大戦後、第二次世界大戦後にヨーロッパ諸国民の大闘争があったからです。資本家側は常に働く力のある労働者をもっていなければなりませんから、労働者の要求にある程度譲歩せざるをえません。しかしこの譲歩も労働者の闘いがあってこそのことであり、この歴史を忘れることは絶対にできません。さらに後で述べるように、二〇世紀に生まれた社会主義の影響があったことも忘れられません。

また理論的には労働者を「取り込んだ」といっても、「福祉国家」も社会体制としては資本主義社会であり、労働と資本の対立が消滅するということではありません。したがって高い福祉を求めて闘いながらも、根本のところで社会体制のことを、社会発展の視野から捨ててしまうことのないようにすることが大切だと思っています。

●どう見る「セーフティーネット」社会論

もう一つだけ見ておきたい社会論があります。これはいま論壇できわめて積極的に活動し、今回の金融危機にあたっても、それは「新自由主義」と小泉流「構造改革」の結果であると鋭く追及している、慶応大学教授の金子勝氏が主張する「セーフティーネット」論です。私も金子氏と同様に国民に厚い「命綱」(セーフティーネット)をいま張らなければならないと考えています。これは現在の時点での私の基本的立場でもあります。

それではなぜここで金子氏の主張をとりあげるのかといえば、金子氏が「セーフティーネット」社会を提起する前提には氏の社会主義にたいする大きな疑問とくに「計画経済」は「無理」という論があるからです。

氏の原点的主張は『市場と制度の政治経済学』にでていますが、比較的やさしく書かれたものとして『市場』という本と『セーフティーネットの政治経済学』という本があります。それを最も簡潔に要約してみます。

市場経済の三大要素は労働、土地、貨幣である（「貨幣」のところが「資本」となっている場合もあります）。しかしこの三大要素は商品化するうえで「限界」をもっている。

第一に、労働についていえば人間を「商品化」すること自体に無理があるにもかかわらず、資本主義はそれを「商品化」した。ここから雇い主と被用者の衝突が起こる。それだけでなく、この商品は消費しつくせない。病気、障害、失業、高齢化をともなう。どうしても労働条件にかんする制度、年金、失業保険、医療などの社会保障制度を社会のなかに組み込み、人間の生きる権利を保障しなければならない。すなわち「セーフティーネット」を張らなければならない。

第二の土地についていえば、土地を生産することはできない。土地を貿易の対象にすることもできない。市場に任せておけば富裕者に土地は集中し、投機の対象になる。したがって土地の買い占め・土地投機の禁止、環境・景観保護のための土地利用制度の確立、農業保護制度等の「セーフティーネット」を土地にも張らなければならない。

第三の貨幣については、人間のあいだに信用関係があれば「限りなく」貨幣をつくりだすことができる。たとえば銀行は集めた預金をこえる資金を貸し付けることができる。いわゆる信用創造である。しかし信用がいったん崩壊すれば金融市場は麻痺し、かりに預金者が一斉に預金を引き出せば銀行はたちまち支払い不能になる。したがって中央銀行の最後の貸し出し手機能や預金保険機構などの「セーフティーネット」をここでも張らなければならない。

このように三大要素は商品化の「限界」をもっているので、「セーフティーネット」を張った社会的共同性をつくっておかなければ、人々は自分の意志で経済行動を決定することができない。個々人と社会の一体性を回復するためには、市場を廃絶することによっても、市場を野放しにしておくことによっても達成できない。「セーフティーネット」を「張り替え」ながら、自分と社会の相互関係を詰めていく以外になく、そういう「戦略思想」を現代は持たなければならない。以上が金子氏の主張の概略です。氏はこの立場からさまざまな政策提言もしています。

先にも述べたように私自身が「ルールある資本主義」をまずつくることを主張しているわけですから、金子氏の個々の論点、具体的政策に違いがあろうとも、当面の課題にかんして私は金子氏と別次元のことを考えているわけではありません。ただ「セーフティーネット」を張った内部の中核部分（コア）は資本主義ですから、どうしても矛盾と混乱を生みださざるをえないわけであり、やはり経済・社会体制を問題にしないわけにはいかなくなると考えます。私はそういう意味で「福祉社会」論とともに「セーフティーネット」論は資本主義の一つのモデルではあっても、資本主義の対抗軸を人類の発展法則という観点から検討すれば、資本主義の後にくるのはどうしても社会主義であると考えます。

なお「セーフティーネット」を張っていくということは、国家の経済への介入になるので、金子氏は「社会主義者だ」といって非難する意見が学界にあります。金子氏自身は馬鹿げた非難だとして一蹴していますが、国家が経済に介入すればそれは社会主義だと見たり、また「社会主義者」だといえば、それだけで批判の言葉になると考えている学者が学界にもいるということは、私のように学界とは無縁な人間にとって大変な驚きです（川上忠雄編『経済の大転換と経済学』）。

五、旧社会の胎内に新社会の要素が生まれる

さてマルクスの本論に戻って、マルクスが史的唯物論の法則として旧社会のなかに、つぎにくる新しい社会の要素が生まれるという問題を、資本主義に即して考えてみることにします。率直にいってマルクスの洞察力の深さには驚かされます。彼は所有形態から見た諸要素として『資本論』のなかでつぎの諸形態をあげています。①株式会社、②協同組合とくに協同組合工場です。エンゲルスは『空想から科学へ』のなかで資本主義的国有化と、それに計画化の側面からとらえたものとしてカルテル、トラストをあげています。

●株式会社がなぜ

それではなぜ株式会社が新しい社会の要素となりうるのかというと、株式会社というものは、生産手段を大きなものに発展させていくために、一人の資本家の手にはおえなくなり、複数の資本家から資本を集めて生産活動をおこなっていく企業形態だからです。その結果、資本家一人一人が生産活動を指揮・監督することができなくなり、経営機能を専門職に任さざるをえなくなります。このことをマルクスは『資本論』のなかでブルジョアジーは「自分自身を解消する」状態（全集二五巻a、五五九ページ）をつくる、資本家がいなくても生産活動をやっていける状態をつくると述べています。

●協同組合がなぜ

協同組合についていえば、マルクス、エンゲルスは労働者のさまざま生活要求から生まれる各種の協同組合を重視しました。とくにマルクスは当時イギリスで活動していた協同組合工場を非常に重視し、ここでは「資本と労働との対立は……廃止されている」（同上、五六一ページ）、管理人の賃金は「企業者利得からまったく分離して現われ……労働者たちから給与を受ける」（同上、四八六ページ）と述べています。

マルクスは株式会社も協同組合も「どのように自然的に一つの生産様式から新たな生産様式が発展し形成されてくる」（同上、五六一ページ）かを物語っているとして、どちらも新しい生産様式への「過渡形態」とみなしてもよいとしています。その際マルクスは、前者は資本主義的生産様式を「消極的に」廃止するのにたいし、後者は「積極的に廃止」（同上、五六二ページ）するものであると指摘し、その差を重視しています。

●エンゲルスがいう諸要素

エンゲルスはカルテル、トラストは資本の集積、集中が進み一産業を数社が支配し、生産・価格などを調整するものであり、これを資本が「社会主義社会の計画的な生産に降伏する」（全集一九巻、二一七ページ）形態であるとしています。

さらにエンゲルスは資本主義的国有化について、資本主義の胎内に生まれる新しい社会の、最も発展した形態としてあげています。エンゲルスは国家が戦争目的で「国有化」する場合は別として、「国有化が経済的に避けられないものとなった場合、ただその場合にだけ、国有化は今日の（資本主義―引用者）国家がそれをおこなっても、一つの経済的進歩」（全集一九巻、二二八ページ）であると位置づけています。

このように一四〇年以上も前に（『資本論』第一巻が出版されたのは一八六七年です）、マルクス、エンゲルスが指摘したこれらの諸形態が、今日どんな意義をもっているかは本書の最後で明確にします。史的唯物論の法則は、この点でも貫徹していることが分かるでしょう。

六、マルクスが発見したもう一つの法則――「剰余価値の法則」

エンゲルスがマルクスによる「二つの偉大な発見」と述べたうちの、もう一つの発見とは「剰余価値の法則」と呼ばれるものです。資本家が資本を投じ、労働者が製造した生産物を市場にだし、市場から資本家に売上金が戻ってきたとき、それが投下した資本の額より大きくなっている――この「儲け」は一体どこからでてくるのか、この秘密がマルクスのもう一つの発見です。

マルクスは資本主義の「秘密」を暴いたため、剰余価値の法則にたいして、マルクス憎しと思う経済学派からひどい攻撃が現在でもかけられています。これほど攻撃が集中している問題はないのではないかと思います。それはそうで、資本主義の「急所」をマルクスはついたわけですから、資本主義を擁護する人たちが慌てたし、いまでも慌てているのは当然だと思います。したがってその反論にもかなりのスペースをとることを予めお断りしておきます。

●マルクス以前には

マルクス以前には重金主義、重商主義というのがあり、それによれば流通過程で相手に商品を、その価値よりも高く売ることによって「譲渡利潤」というのが生まれるということでした。

その際、一番いいのは外国貿易で商品を相手の国に高く売り、相手国からは商品を買いたたくことだと考えました。

しかし商品交換は等しい価値の商品が交換されるわけですから、詐欺とペテンを使わないかぎり、ここから富がでてくるはずはありません。その後、重農主義というのが現れ、自然に人間の労働を加えることによって、すなわち土地を耕作することにより富が生みだされると考えられました。富の源泉を流通から生産の分野に求めたことは非常に重要なことで、マルクスは重農主義を「近代経済学の本来の父」（マルクス『剰余価値学説史』、大月書店、国民文庫、第一巻、五八ページ）と呼ぶことができると評価しました。

しかしその後アダム・スミスが現れ、富は農業だけから生まれるのではなく、工業からも生まれる、なぜなら価値をつくるのは人間の労働だからであると主張し、「労働価値説」の成立に大きな役割を果たしました。また彼は資本主義社会には労働者、資本家、地主の三大階級がいることも明らかにしました。マルクスはスミスには「重農主義を乗り越えてなし遂げられた大きな進歩が見いだされる」（同上、一三六ページ）と述べています。

しかしスミスは人間労働が富をつくることは発見できましたが、どういうからくりで資本家の利潤が生まれてくるかは明らかにできませんでした。このあとデービッド・リカードがスミスをさらに発展させました。彼はイギリス古典派経済学の最後の代表でした。彼は労働者の労働が生みだす価値（富）が、労働者の賃金だけではなく、資本家の利潤、土地所有者の地代の源泉でもあることを明らかにしました。労働者の社会における位置づけをここまで解明しました。しかしここでもまだ、どのようなからくりで労働者がそれだけの価値を生みだすのかは、明確ではありませんでした。マルクスはリカードが一方で「剰余価値の諸法則を正しく述べている」ところもあるが、「彼は、それを直接に利潤の諸法則として言い表し」たために、中途半端なものになったと指摘しています（同上、第五巻、二六一ページ）。

スミスもリカードも真理のすぐ近くまできていながら、どうしてもこの秘密を解明できませんでした。こういう経済学の流れのなかで、マルクスはついにこの謎を発見したのです。それが剰余価値の法則です。

七、剰余価値の法則とは何か

第一の発見である「史的唯物論」は、一九四八年に発表された『共産党宣言』に明確な形で反映されましたが、この剰余価値の法則については『共産党宣言』までには完成されず、『宣言』に明確に取り入れることはできませんでした。しかしマルクスは一八四七年におこなった講演（「賃労働と資本」全集六巻、三九二ページ）で「剰余価値」という表現こそありませんが、大筋のところで同様なことを述べ、それは『宣言』に反映されました。マルクスの経済学は後の『資本論』で初めて全面的に展開されました。したがって『資本論』にもとづいて、剰余価値の法則について説明することにします。

『資本論』第一巻の一ページを開けると、いきなりとびこんでくるのは「商品」という言葉です。そのあと使用価値、交換価値、価値そのものという言葉がでてきます。いささか教科書的になりますが、使用価値というのは、ある商品が人間にとって有用なものかどうかという価値です。交換価値とは、その商品が他の商品のいくつ分と交換できるか、すなわちその商品一個で他の商品何個と交換できるかという、量的関係、割合を表す価値です。それではその割合を決定する根本にあるものは何でしょうか。価値です。その実体は人間の労働です。ある商品をつくるのに人間の何時間の労働が必要であったか、他の商品をつくるには何時間の労働が必要であったか、そこから換算して交換の割合が決まってきます。

この価値の部分は『資本論』でも難しい部分です。近代経済学は商品から出発して価値を論ずるようなことはしません。ミクロ経済の場合だと商品の価格の問題から入り、価格は需要と供給によって決まるということを出発点にします。マクロ経済だといきなりＧＤＰ（国内総生産）を出発点とします。なぜなのか。それは労働者の搾取を隠蔽するためです。価値とは何かを解きあかすと、そこから労働者が搾取されていることがでてくるからです。『資本論』の冒頭にある、マルクスの商品・価値論はそれほど重要な意味をもつものなのです。

そこで論をすすめると、資本家は商品をつくるために機械類等の生産手段を買い入れるとともに、労働者に賃金を払って働かせます。この賃金は労働の価値にたいして支払われるものではありません。スミスもリカードも分からなかったのは、この点でした。資本家が払う賃金とは、労働者が明日も働けるだけの労働力を維持するために必要な商品を買う生活費、生計費のことです。ところが労働者は仮に一日八時間の労働をしているとすると、その八時間全部を使わなくても、自分の生計費分の労働はしてしまいます（たとえば四時間で）。残りの時間（四時間）で働いてつくった価値は資本家がもっていってしまいます。賃金は「労働力」を維持するために払われるのであって、労働者の「労働」にたいして支払われるのではありません。ですから労働者は搾取されているわけです。

労働者が自分の生計費を得るための労働時間を必要労働時間といい、資本家がもっていってしまう部分に費やした労働時間を剰余労働時間といいます。この剰余労働時間に支出した労働が生みだした価値を剰余価値と呼びます。またどのくらい搾取されているかは「搾取率」、「剰余価値率」といいます。簡略化して仮に一日八時間労働として、四時間働けば自分の生活費を稼ぎだし、残りの四時間は資本家のための労働時間であるとすると、その場合の「搾取率」、「剰余価値率」は一〇〇％ということになります。

マルクスは『資本論』のなかである工場の報告書から、自分で「搾取率」を計算していますが、それによると一五三・八四％となっています（全集二三巻a、二八五ページ）。日本で高度成長が続いていた一九六〇年代の搾取率を計算した戸田慎太郎氏の研究によれば、一九六七年の日本の製造工業部門では搾取率は二八二％になっています（『現代資本主義論』）。これは八時間労働のうち二時間と六分程度が必要労働時間で、あとの五時間五四分ほどは剰余労働時間になります。

ここに資本家が初めに投下した資本の額よりも大きな額が、市場を通して戻ってくる秘密があり、資本主義のからくりがあったのです。マルクスがもうひとつ発見した法則とは、この「剰余価値の法則」です。スミスとリカードが分からなかった点、近代経済学派が覆い隠したい点はまさにここにあります。

この法則が暴く労働者の搾取を廃絶することと、第一の法則である史的唯物論が明らかにした社会発展とが結合されて、資本主義から社会主義への移行の必然性が理論的に一層具体化されることになりました。

●「剰余価値」論を理解する当然の前提

当然、こういうことが成り立つのは、資本主義は高い生産力を前提にしているからであり、労働者が八時間労働をしなければ自分に必要な生活手段が得られないといった、低い生産力水準ではとても問題にはなりません。もっともこのことは資本主義だけでなく、そもそも階級社会ができたのは、生産力が高まった結果、自分は労働しなくても食べていけるだけの生産力の高まりがあり、そこから階級が生まれたからです。

もう一つつけ加えておくと、それなら自分は四時間だけ働いたら今日の仕事はやめるというわけにはいかないことです。資本家は、一日まるごと労働者を商品として買ったからです。そのため資本家は、労働者が明日はもう肉体的にも精神的にも働けないという限度まで仕事をさせることができるのです。いやだといって他の資本家のところへいってみても同じことですから、埒《らち》のあく話ではありません。

マルクスは『経哲手稿』のなかで労働の「疎外」として、労働してもその結果が自分のものにならないし、労働の過程自体が苦役であるといっていたことを、自分自身の手で科学的に仕上げることができたわけです。

八、マルクスは混乱しているか

このマルクスの剰余価値の法則にたいし、『資本論』の第三巻が出版されるとさっそくオーストリア生まれの経済学者、ベーム・バヴェルクという人物が、攻撃を加えてきました。これは現在でも持ち出される議論なので言及しておく必要があります。バヴェルクの攻撃の中心点は『資本論』第一巻では、商品は価値によって交換されているが、第三巻では商品は価値からかけ離れた「生産価格」で交換されるといっているではないか、実際には価値だとか、剰余価値とか搾取だとかは存在しないのだというところにありました。

これはとんでもない議論で、マルクスが第三巻で明らかにしているのは、つぎの点です。同一産業内にはいくつもの企業が存在し、同じ製品をつくっている。各企業ごとに自分のところでつくった商品の価値はこれだけだから、価値どおりに売ればこういう値段になるといってみても、他の企業では生産が合理化されている等々の条件のもとで、もっと少ない価値で商品がつくれる。こうなるとどうしても社会的に平均したところで価格が決められることになる。したがってそれぞれのところの製品は実際の価値からは離れた価格にならざるをえない。

それだけではなく他の産業部門の状況もみなければならない。ある産業部門に投資した資本は、別の部門に投資した資本より多くの利潤をもたらすという場合がある。そうなれば資本は当然のこととしてより利益のあがるほうに投資される。したがってここでも各部門間の平均した利潤というものが決められていく。このようにして実際に売られる商品の値段は二重の規制を受けたものになる。

したがって商品の価格はそれをつくるのに必要な費用価格（生産手段と賃金）に、いま述べた経過をたどって成立する平均利潤を加えたものになる。それを「生産価格」と呼び、その価格によって商品は売買されることになる。しかし忘れてならないのは、社会全体としての生産価格は、商品の価値の総量に等しいということだ。

マルクスはこのことを解明したのであって、『資本論』第一巻は第三巻によって否定されたという議論は成り立ちえません。

九、近代経済学派の主張を聞いてみる

いま見た「生産価格」をめぐるバヴェルクの議論は一応の経済学論争といえるかと思いますが、つぎに見る近代経済学派の攻撃はひどいものです。

●「搾取される状況」はいいことだ!

これは資本家が労働者を搾取してなぜ悪いのかという、まさに開き直りの議論です。それはつぎのようなものです。

搾取があろうとなかろうと、資本家と労働者の関係はそれぞれの自由な意志による合意にもとづいている。労働者が資本家に労働力を売らずに、自分一人で何かをしたいというなら、それはそれでいい。しかし資本家から賃金をもらうほうが自分の利益になると思うからこそ、資本家に労働力を売るのであろう。要するに「搾取されない状況」より「搾取される状況」のほうが労働者にとって望ましいから、資本家と合意を結ぶわけであるという主張です。

労働者というのは、自分の労働力を売る以外、生きていく手段を持っていない人々です。貯金があるだろう、持ち家があるだろう、労働力しか売るものがないというわけでもなかろう、とい

われても、それは労働者として働いて、苦しい生活のなかで努力して積み立てた結果です。はじめから労働者が自分だけで生活していく手段をもっていれば、資本家のところに「搾取」されにいくわけはありません。

●剰余価値を生み出すのは労働だけではない！

「剰余」を生み出すのは労働だけではない。例えば一リットルの石油を掘り出すのに使うエネルギーを石油に換算したとき、一リットルの石油のエネルギーよりもそれが下回るものでなければ割に合わない。そうでなければ石油を掘り出すのをやめざるをえなくなり、経済は下降するだけだ。だから「搾取」されるのは労働だけではない。こういう意味で「搾取」のない経済などというものはそもそもないのだ――とも主張します。

石油であれ何であれ、どの製品をつくるにも、製品の値段より安い材料ですまさなければならないことは当たりまえです。高ければ製品の値段を上げるだけの話です。労働者の労働を「エネルギー」という言葉で置き換え、ことの本質を曖昧にしているだけです。石油を掘り出すために必要な機械・材料等をつくっているのは、人間労働です。そこでは搾取がおこなわれます。各段階で労働者の搾取があるからこそ、資本主義経済が成り立っているわけです。「物」は搾取できません。「人間の搾取」のない経済など資本主義のもとではそもそもありえません。

●労働者は資本家を必要とする！

よく「資本家を追放せよ」と叫ばれる。しかし無産者が創意をこらして何かしようと思っても、資金を提供してくれるスポンサーが必要だ。そのスポンサーになるのが資本家だ。銀行や資本家を通したくないといって、協同組合金融や生産協同組合という媒介をつくるから大丈夫だという。しかし、いずれにせよそういうものをつくらなければやれないわけで、結局、労働者は資本家をそう単純には捨てられないのだ——という主張があります。

資本家こそ労働者なしでは一日もやっていくことはできません。搾取する対象がいなくなったら資本家は一日ももたないからです。いま協同組合金融とか生産協同組合とかが勤労市民の手でつくられています。資本家に頼っていては生活できないからです。マルクスもエンゲルスも資本主義のもとで、こういう協同組合ができて活動することを、将来の社会につながるものとして非常に重視したことは、先に指摘したとおりです。

以上のような近代経済学派がおこなう攻撃は、マルクスに通ずるものではありません（以上の例は稲葉振一郎『増補　経済学という教養』より）。

一〇、『緑の資本論』という本を読む

これからあげるマルクス批判は宗教から資本主義を論じようとするもので、近代経済学派のものとは違います。宗教学者であり、「神秘主義」者といわれている中沢新一氏は『チベットのモーツァルト』、『森のバロック』、『はじまりのレーニン』など、多くの本をだし、社会とか集団とかいうものに対し「個」というものを追究し、現在の日本の矛盾や混乱のなかで読者の関心を呼び、中沢ファンもたくさんいます。その中沢氏が『緑の資本論』という本も書いているので読んでみました。それはマルクスが『資本論』第三巻の「三位一体的定式」という章で論じていることと関連したものです。この「三位一体」というのはキリスト教の用語です。

マルクスはこの章で『資本論』の総ざらいをし、資本主義社会には労働者、資本家、地主という三大階級が存在するが、資本家が利潤を、地主が地代をえられるのは、賃金しか払われない労働者がつくりだす剰余価値によるものであることを説明しています。

これについて中沢氏はつぎのように言います。

イスラム教は利子を禁止している。キリスト教も本来的には利子を禁止していた。ところがヨーロッパで資本主義が生まれ始めると、キリスト教は範囲を決めれば利子をとってもいいのではないかと考え、資本主義のほうに走っていった。そこでキリスト教と資本主義との関係はどうなるのだろうかという問題がおこった。

それが実は「三位一体」論である。「神なる父」、父からできる「子」、それに「聖霊」（これは神が口から吐き出したものという説もあるそうです）という三者が、同格なものとして「三位一体」の世界を作っている。「聖霊」は父と子の愛をたしかなものにするために、父と子のあいだを往復し贈物や贈与物のやりとりをする。そこから「聖霊」は堕落する危険性をもっているが、父と子のあいだで「流動」し、「発動」し、「突き動かされる」。そのなかから「かすかな〝水増し〟」が起こる。このようにして剰余価値は「聖霊」の働きによって生まれる。

それでは「聖霊」がどう働いたら〝水増し〟部分・剰余価値が生まれたのか。中沢氏はマルクスが『資本論』のなかで神学用語を使って述べているところを、あれこれ引用しますが、肝心の部分を引用もしませんし、説明もしません。例えば『資本論』で「もっとも重要」なところだとして、マルクスが資本家が一〇〇ポンドの貨幣を投じて商品をつくり市場にだしたら一一〇ポンドが返ってきたと述べている(全集二三a、二〇二ページ)部分を引用しますが、そこからすぐ貨幣は貨幣を生むと結論してしまうという具合です。マルクスは一〇ポンド増える理由をこれから説明しようとしているのに、その説明には何も触れないという具合です。その結果、剰余価値はわけのわからない「神秘の世界」に入っていきます。

●マルクスを葬れるか

氏は続いてつぎのように言い、マルクス自身を葬ろうとします。

貨幣は貨幣でしかない面と、貨幣が自己増殖する面(いま述べたこと)との両面をもっている。キリスト教は利子・利潤を認め貨幣が増殖することを容認するので、キリスト的貨幣は「産出力」を宿している。マルクスはキリスト的貨幣を選び、それを「資本の科学的分析」の「核心部」においたので、すっかりキリスト教の誤った「三位一体」論の構造に飲み込まれてしまった。問題はマルクスが利子を禁じる「不妊」のイスラム的貨幣を選ばなかったところにある。

いま「三位一体」の資本主義経済がグローバル化し、世界を荒しまわっている。そこから脱出しなければならない。しかし「三位一体」論にはまってしまったマルクスによっては「資本主義の〝外部〟に脱出していくことは不可能なのだ」。利子を禁じ増殖を求めないイスラム経済こそが世界を救えるのだ。イスラム経済は資本主義でも社会主義でもない独自のものだ。たしかにイスラム世界は物質的には遅れているが、人間的には「はるかに豊かな世界」だ。これが氏の言いたいポイントです。

中沢氏がどういう信仰をもっても、それは氏の自由です。しかしいまみたような「三位一体」論でマルクスを葬ることは到底できないことは言っておかねばなりません。

●マルクスと「三位一体」論

実はマルクスは『資本論』のなかの「三位一体的定式」（全集二五巻b、一〇四三ページ）という章で、キリスト教の「三位一体」論にもとづいて物事を皮相にしか見ない俗流経済学を批判しているのです。俗流経済学とは、スミスやリカードなどの古典派経済学のように、中途半端なところがあるにしても富の源泉を見つけ出し、経済を本質から明らかにしようとする科学的立場にたいし、経済現象を表面的な記述にすりかえることを特徴としたものです。それをマルクスは大要つぎのように批判します。

俗流経済学は資本が利潤を生み、土地が地代を生み、労働が賃金を生むと主張し、三者それぞれが同格なものとして自分の収入を生み出しており、資本主義社会にはキリスト教の「三位一体」が形成されているのだとしている。これは「魔法にかけられ転倒され逆立ちした世界」であり、「まちがった外観と欺瞞」をつくりだす、きわめて表面的で皮相な主張である（同上、一〇六三ページ）。資本が利潤を、土地が地代を、労働が賃金を生みだすのではない。資本は剰余価値を生みだす「恒久的な汲出機」であり、土地はその剰余価値の一部を自分に引き寄せる「恒久的な磁石」であり、労働は労働者がつくり出す「価値の一部」（自分の生活費だけ）を得るための手段である（同上、一〇五三ページ）。利潤と地代は労働者から搾取した剰余価値を源泉としているのである。「三位一体」論はこのことを隠し、「神秘化」するものである。スミスについていうなら、労働が価値を生むとした古典派経済学が、こういう「日常生活の宗教」を解消したことは、「大きな功績」であるが、やはりまだ「外観の世界」に「とらわれており」中途半端なものになっている（同上、一〇六三ページ）――マルクスが「三位一体的定式」でいっているのは、このことなのです。

マルクスが「三位一体」論にはまり込んだのではなく、中沢氏がマルクスを「転倒」させ「逆立ち」させたのです。『緑の資本論』を読まれた方は、本当の『資本論』を読まれるよう期待します。

なおイスラム銀行はイスラム教にもとづくイスラム法で、実体をともなう商品取引や投資活動などは許可されていますが、商品先物買いや金融先物買いなど投機性の高い活動をおこなうことは禁じられています。これは事実ですのであえて一言しておきます。

一一、宗教が資本主義の精神をつくった！

これまで宗教学と剰余価値について見てきましたが、そもそも宗教が資本主義をつくったという議論があります。

●プロテスタンティズムが！

この問題の一つの核心は、規律正しく働く近代的労働者がどのようにしてつくられたのかという点にあります。かの有名なマックス・ウェーバーは禁欲的なプロテスタンティズムが大きな役割を果たしたと主張しています（『プロテスタンティズムの倫理と資本主義の精神』）。一部の学者は、ウェーバーはプロテスタンティズムが資本家の精神をつくったと言ったのであり、労働者の精神をつくったとは言っていないと主張します。しかし素直に読めばすぐに分かることですが、それは違います。訳者の大塚久雄氏自身が否定しています。ウェーバーは近代的労働者が工場のなかで「高度な責任感」をもち、労働を「絶対的な自己目的」であるかのように励むのは、天性のものでもなければ、賃金の高低によるものでもなく、「長年の（宗教）教育の結果としてはじめて生まれた」ものであると主張していることを、大塚氏は引きながら、そういう説の無根拠さを暴露しています。

●メソディズムが！

これにたいしメソディズムが資本主義の精神をつくったという説があります。それによればイギリスの労働者の心をひいたのは、「福音主義の再生」運動とメソディズムの特性だったとのことです。メソディズムは「神のもとでの平等」と「反抗の論理」が併存した理念であり、それがイギリスの近代的労働者の規律をつくったと主張します。すなわち誰もが、神が与えた「職業と身分」というものをもっており、それは「平等」なのであって「服従」しなければならない、しかしそれを破る者に「反抗」するのは正当なことであるという理念です。このことを実践的にいうと「やつら」が神の摂理に反したことをすれば、「反抗」するのは正当であるが、「われら」は職業的にも身分的にも「やつら」にとって代わることはできないということになります。これが「労働の規律」を守るイギリスの近代的労働者の「集団的メンタリティ」を形成したというのです（金子勝『市場』）。

私は、個々の労働者がある宗教や何かのイデオロギーをもつことは当然あることだと思います。しかし、「宗旨がえ」をしてみても労働者という自分の立場が変わるわけではありません。人間の社会における立場や地位は、宗教や自分の好みで決まるものではありません。規律ある近代的労働者がつくりあげられていったのは、このような観念的なものではなく、客観的事実と壮絶な歴史的過程によるものです。

一二、近代的労働者がつくりだされる実際の歴史的過程

結論的にいえば農民や自営業者が持っている土地その他の生産手段を資本家階級が収奪し、自分の労働力を資本家に売る以外生きていく手段をもたない人々の群れがつくりだされたのが、そもそもの始まりです。マルクスは『資本論』のなかでイギリスを実例として、この過程を克明に描いています。ごく簡潔に要点を記すことにします。

イギリスでは一五世紀の終わりごろから一九世紀に至る歴史のなかでこの過程が進行していきました。当時の農民は自分の土地をもつ「自由な自営農民」が圧倒的多数でした。ところが羊毛の生産が繁栄した結果、土地貴族、銀行貴族、新たに生まれてくる資本家たちが農民の土地を暴力的に収奪し、農地を牧羊場にかえていきました。また農民は「共同地」も持っていましたが、

それも略奪しました。この過程は国家権力の庇護のもとにおこなわれ、「土地囲い込み」法や、抵抗する農民を罰する「血の立法」をつくりました。この収奪の最後の大がかりな過程として「地所の清掃」作戦というのがおこなわれ、軍隊まで出動し村落を焼き払っていきました。マルクスはそのときの模様を「一老婦は小屋を去ることを拒んで、その火炎に包まれて焼け死んだ」（全集二三巻b、九五三ページ）と描いています。

こうして土地を奪われた農民たちは都市へ流れていきましたが、その速度とマニュファクチャーが出来ていく速度とは比例しませんでした。マルクスはそのため「彼らは群をなして乞食になり、盗賊になり、浮浪人になった。……（彼らに「血の立法」により）むち打ちが繰り返されて耳を半分切り取られ……死刑に処され」、「額か背にS字を焼きつけられ……灼熱の鏝《こて》で胸にV印を焼きつけられ」た（同上、九五九―九六〇ページ）と述べています。マルクスはこのような過程は「血に染まり火と燃える文字で人類の年代記に書きこまれているのである」（同上、九三五ページ）と述べています。

●機械制大工場と近代的労働者の成立

都市に流れてきた農民はこのような仕打ちにあいますが、だんだんとマニュファクチャーに吸収されマニュファクチャー労働者になっていきます。ところがマニュファクチャー段階の資本主義の生産過程は、労働者が道具をもって協業するのが特徴です。したがって「道具」が生産過程の主体になるのではなく「労働力」が主体になりました。そこでしばしば「むら気」を起こす労働者が生産過程を放りだすことがありました。農民から労働者になってもすぐに労働者の習慣を身につけることはできなかったからです。これにたいしてひどい仕打ちが待っていたことは当然ですが。

これをくいとめたのが、産業革命とともにできた機械制大工場です。ここでは「労働力」が主体でなく、機械（道具）が生産過程の主体となります。マルクスはマニュファクチャーでは「労働力を出発点とし、大工業では労働手段を出発点とする」（全集二三巻a、四八五ページ）と述べています。こんどは人間が機械によって使われ、「むら気」を起こして仕事をやめようものなら大混乱が起こります。それに機械は労働を非常に単純化しますので、女性や子どもも働かせます。男性の成人労働者が規律に従わなければすぐに工場から放りだされます。こうして労働者は肉体的・精神的に人間の限界点まで働かされました。一日一二時間、一三時間と働かされるようになりました。

そのうえさらに「むら気」を起こす労働者を専門的に監督する「労働監督者」が置かれ、工場に「兵営的な規律」（同上、五五四ページ）がつくりだされました。マルクスは大工場の機械は工場に「単なるアウトマート（自動装置）」をつくりだすのではなく、「アウトクラート（専制君主）」（同上、五四八ページ）をつくりだしたと言っています。このようにしてマニュファクチャー段階では、まだ勤勉に働き、金をため、資本家になろうと密かに考えていた労働者がいましたが、その夢は最終的に葬られました。「労働基準に従順」な近代的労働者階級は、このように機械制大工場によってつくられたのでした。

なおエンゲルスは人間の限界点まで働かされる、この機械制大工場のひどい労働条件のもとで、労働者がどんな健康状態にあったかを書いています。一八三三年に工場法ができて以来、「工場医」制度が導入されたそうですが、その報告書を見ると、「わりとかるい病気」として「足関節のはれ物、脚・腰および脊椎の脆弱と疼痛、……」等々とともに、「憂うつ症」(「イギリスにおける労働者階級の状態」全集二巻、四〇五ページ)があがっています。どうやら「うつ病」は現代日本だけの特徴でもなさそうです。

ここに紹介したのはイギリスの例ですが、大なり小なり他の国々にも同じような過程がありました。日本については、幕末開港から明治期までの過程を研究したものとして、評価は別として元京都大学教授の『堀江英一全集』第一巻、第二巻があります。

一三、現在の矛盾を解決する具体的手掛かりとマルクス

これでマルクスの発見した二つの法則の問題は終わりにし、日本の現実の問題に戻ります。そして現在の非正規社員の問題、年金・福祉、医療・介護などの問題を根源的に解決する具体的な

手掛かりがどこにあるのかを検討し、マルクスがそこに生きているかどうかをみてみたいと思います。私が言っている「具体的手掛かり」というのは体制問題の視野からいっていることで、その点は誤解のないようにお願いしておきます。

●人間的尊厳の確立を

問題の手掛かりになるのは、非正規社員や『蟹工船』の漁夫や工員の生の声を聞くところにあると思います。彼らの心の底から出てくる言葉は、「人間を人間らしくあつかえ、われわれはモノではないのだ」ということだと思います。別の言葉でいえば「人間的尊厳」を確立したいということにあると思います。エンゲルスも『イギリスの労働者階級の状態』のなかで「労働者は、人間をけだものにするこのような状態からぬけだし、もっとりっぱな、もっと人間らしい地位」（全集二巻、四四七ページ）を獲得しなければならないと述べています。ここに実際の解決の手掛かりがあると思います。それをもう少しつっこんで考えてみましょう。

人間は生きていくために労働しなければならないのは当然です。その際自分自身の労働も、また労働してつくりだしたものも、自分でコントロールできる状態をつくることが、人間をとり戻すことになると思います。人間は物質的動機だけから自分の「人間としての尊厳」を感じるのではなく、精神的に自由であるかどうかのほうが大切であるという考えもあります。しかし、労働なくして生きていけないことは自明であり、それが精神生活を下から支える基礎の基礎となるものです。

それでは話を少し先にすすめ、「人間的尊厳」を確立し得る経済的基礎とは具体的にどのような形態があるのでしょうか。

第一は、これまでも存在していた独立自営業者になることです。なんとかして自分が生活していける最小限の手段すなわち生産手段を手にいれ、それを使って事業をおこない生計をたてていくことです。生活は苦しくとも、自分が生産の「主人公」になることだけは確かです。

第二は、一人では生産手段を集めることができないので、数名の友人たちと共同で生産手段を手にいれて事業活動をおこなっていくことです。いわゆる協同組合企業です。

第三に、いま働いている会社・企業を労働者全体で運営していくことを真剣に追求していくことです。これは生産手段の労働者による共有につながっていくことですが、私が「空想」でいっていることではありません。実際にイタリアでこの試みがありました。

いずれにせよ問題の核心はどんな場合でも労働者が「主人公」になることが、「人間的尊厳」を確立する基本だということです。

（注） グラムシの「工場評議会」――イタリア共産党の創設者の一人であるグラムシは第一次世界大戦後のイタリア社会の混乱とロシア革命の影響のもとで、労働者が単なる働き手ではなく、生産者という自覚にたって生産から流通、工場の衛生に至るまで、工場のすべてを掌握し、生産活動をおこなう、労働者自身の組織として「工場評議会」をつくることを提唱しました（山崎功『イタリア労働運動史』）。これは労働組合ではありません。この提唱はイタリア

北部のトリノの金属労働者の支持をうけ、一九一九年時点で約三〇の企業の五万人の労働者が「工場評議会」に組織され、生産活動をおこないました。これは経営者側に重大な脅威を与え、「評議会」の職場代表の一括解雇に打ってでました。それに抗議する労働者にたいし、一九二〇年に五〇〇〇人の軍隊を出動させ弾圧し、「工場評議会」を破壊しました。

●生産手段の有無は問題にならないか

しかしこういうと別の意見が出ると思います。自分は生産手段など持っていないサラリーマンだが、それなりに暮らしているし、生産手段を持ちたいと思ったこともないという意見です。理論的にいえば「生産手段の有無」というのは問題解決にとって特別の意味はもっておらず、そのことを基準にして幸、不幸や、階級社会や貧富の格差、さらには「人間的尊厳」を云々することはできないという意見です。

これは現代資本主義の特徴的な問題としてでてくる「新中間層」問題です。マルクス自身が資本の「文明化作用」として認めているように、労働者の生活水準はマルクス、エンゲルスの時代と比較して、はるかに進歩したことは確かです。ここから労働者の多くが「中間層」化していると言われます。そしてそれがマルクスはもう「古くなった」という、最大の「論拠」となっている場合があります。「新中間層」問題は社会学の大きなテーマですが、私たちもここで「新中間層」論をきちんと整理し、それがどれほどの意味をもつかを検討してみる必要があります。「人間的尊厳」を確立する経済的基礎の問題の本格的検討に入るまえにこのことをみてみます。

●マルクスと「新中間層」論

マルクスも「中間階級」、「中間層」、「小市民」という概念をしばしば使っています。その際「中間階級」として「農民」を意味したり、貴族を念頭にいれると「ブルジョアジー」を意味することがあります。しかしたとえば『フランスにおける内乱』では「パリの中間階級の大多数――小店主、手工業者、商人」（全集一七巻、三二〇ページ）といった具合にも使っています。「小市民」という概念でパリのカフェーの主人、レストランの店主、居酒屋の主人等を意味する場合もあります（「フランスにおける階級闘争」全集七巻、三五ページ）。しかしいずれにせよ、いま私たちが取り上げている「新中間層」とは違います。

それではいまどういう「新中間層」あるいは「中間層」論があるのでしょうか。実は整理してみると、あまり複雑ではなく、つぎの三種類に分けられます。金子勝氏も簡潔な形で問題を整理していますので、それも参考にさせてもらいます。

第一は、ホワイトカラー（サラリーマン）、所有と経営の分離で生まれてくる企業の経営者（マネジャー）、大衆投資家などを「新中間層」という概念でくくる議論です。そしてそれが今日の資本主義社会で広い層をなしており、従来のように地主、資本家、労働者という階級区分ではすまされなくなっており、現代資本主義を単純な階級社会とはいえないという議論です。

第二には、いろいろなデータを総合して、日本の格差は著しく小さいという主張です。アメリカの経営者は数十億円もの年収を得るが、日本はせいぜい一億円あるいは何千万円という年収しか得ていない。「下層」も存在するが広範な「中間層」が存在するので格差は小さくなっている。日本はむしろ「平等」な社会といえるという「平等論」です。

第三は、この章の冒頭でふれた「方法的個人主義」にもとづく議論です。これは所得、学歴、職業、家族等々の要因が結びあって個人の社会的地位が決まってくるという議論です。「方法的個人主義」は近代経済学の主張ですから、生産手段の有無とか階級社会といったことはもともと問題になりません。学歴、職業等々の要因は個人が選択する行為であり、すべてはその選択によって個人が決まり、社会全体が規定されていくと主張します。アメリカ社会ではこれらの諸要因の相互関係から「下層」と「上層」がはっきりと現れているが、日本では諸要素の相関関連が相殺されており、アメリカのような現象はおきていないといいます。

金子氏の整理も参考にさせていただいたので、これにたいして氏がどう主張しているかも紹介しておきたいと思います。氏は第一の議論と第二の議論は「生産手段の有無あるいは経済的不平等が階級を作り出すというマルクスの議論を暗黙の前提にして、その条件が失われているという批判である。つまりマルクスの階級論そのものには切り込んでいないのだ」（『市場』）と批判しています。

要するに階級対立が見えにくくなっているとか、薄れているとかという議論であり、マルクスの理論にぐさりと刺さった批判ではないということです。それとアメリカは「格差」社会だが、日本の「格差」は小さいという議論についていえば、二〇〇八年一〇月のＯＥＣＤ（先進三〇カ国が参加している経済機構）の報告では、G7のなかで格差の一番大きい国はアメリカで、それについで大きな国は日本となっています。

なお賃金というのは理論的にいうと絶対的基準というものはなく、各国の自然的・歴史的・社会的・経済的条件によって決まるので国別で差がでるのは当然です。マルクスは『資本論』のなかで、わざわざ「労賃の国民的相違」（全集二三巻b、七二七ページ）という一章をもうけて、このことを詳論しています。

第三の議論についていえば、私は芥川龍之介が生まれるときに、いいかどうか誰も聞いてくれなかったと『河童』で書いているのを思い出します。マルクスもすでに見たように、人間は自分の好みで好きなところに生まれることはできず、人間の意志から独立して経済的社会的関係に入ると述べていました。貧しい家に生まれた人は高学歴を取得するのが難しく、有名大学には入れず、したがって「いいところ」にも就職できないという事情はいまでもかわりません。反対に国会議員に二世議員の多いことには驚かされます。

もちろんいまでは汗のにじんだ、なっぱ服を着た労働者群が、もくもくと黒い煙を煙突から吐き出す工場の門から出てくるといった、資本主義像を描くことはできないでしょう。資本主義の様態は大きく変化しました。それによって労働者（サラリーマンも労働者です）の社会心理も変化することは確かです。このことは見落とすことのできない点ですが、「新中間層」が出てきたから、マルクスのいう階級社会はなくなったとか、「生産手段の有無」は問題にならないというのは、理論的には誤っていると思います。

●「格差社会」は「勝ち組」、「負け組」のことか

それでは階級社会をあらわす経済的不平等は、実際面からみた場合どうなっているのかを検討してみます。二〇〇八年一一月一七日号の雑誌『プレジデント』が「日本人の給料」という大特集をおこない、企業の実名、個人の実名をあげていかに日本で経済格差が広がっているかを明らかにしています。

二〇〇七年の調査結果ですが、「ソニー」の取締役の年収がトップで一人平均二億八九八五万円、ついで「日産自動車」が二億七八五九万円です。「トヨタ自動車」は一億二二〇〇万円、「新日鉄」が一億一〇二四万円、「旭硝子」が一億〇八二五万円等々で、一億円クラスが二〇社ぐらい並び、八〇〇〇万、七〇〇〇万円クラスがそのあとに続々とつづいています。

役員の年収はこの給与だけではなく、株の配当金が基本的に現金で入ってくる場合があります。いまあげた企業と対応するものではありませんが、任天堂相談役が実に一七八億四七九〇万円の配当を受けています。これはダントツですが、大東建託会長が八四億三〇四一万円、SANKYO前会長が五九億三七六〇万円と二桁台の億と、トヨタ自動車副社長の六億三八九六万円など一桁台の億単位で配当を受けている役員がずらっと並んでいます。

これにたいし年収三〇〇万円以下のサラリーマンは一七五一万人を数え、なんと就業人口の

三八・六%を占めています。しかも二〇〇万円以下が一〇三二万人となっています。いわゆるサラリーマンの平均年収は四三七万円で、一般的にいって一〇〇〇万円になるには部長クラスでなければなかなか無理だという結果がでています。

これでも日本の格差は小さいので、日本は階級社会ではないなどとどうしていえるのでしょうか。八〇年代には格差をうめる広範な「中間層」がおり、「一億総中流化」社会だなどといわれたことがありましたが、いまやそのような事態は消えていってしまいました。「中間層」というのは実際にはこのように非常に不安定なものです。国際的にも先に述べたＯＥＣＤの報告書は三〇カ国で確実に格差が拡大していると報告しています。

よく日本の大企業の役員も出発点では平社員であり、誰も同じだったので「勝ち組」と「負け組」の違いだなどという俗論で、この格差をごまかす人がいますが、それは物事を「茶化す」以外のなにものでもありません。これだけの格差があればいくら初めは平社員であったとしても、役員が強力な階級意識をもち労働者と対立するのは、現実に多くの人々が経験しているところではないでしょうか。マルクスは「新中間層」問題について理論的にも実際面でもなんら「弁解」する必要はありません。

●生産手段の有無こそ問題

以上のことから言えるのは、大口株主、大資本家（例えばトヨタのような創業者一族）が企業の経営陣（経営者自身が大株主である場合もある）をとおして基本的に生産手段を所有しており、そこから剰余価値を生みだす搾取関係が形成され、いまみた「格差社会」ができていることです。これはまさに資本主義的生産関係以外のなにものでもありません。

いくら自分は生産手段を持ちたいとは思わないといっていても、客観的事実としてはこのようにして搾取を受けているわけです。いま生産手段の自動化が進み現場では数名の人間しかおらず、誰が生産手段を持っているのかわからないなどという議論もありますが、これは生産手段の所有を「物理的」な所有のようにみなす、まさに「俗論」です。

理論的な面でも実際の状況でも、マルクスの剰余価値の法則は貫徹しています。

一四、矛盾の根本的解決としての「生産手段の社会化」

それでは「人間的尊厳」を確立するための経済的基礎をどのようにしてつくるのでしょうか。結論的にいえば、それは労働者が新しい生産力の担い手として生産手段を取り戻すことにあります。ここに諸矛盾の根本的な解決の道があります。マルクスが社会主義の「体制」論として、労働者に訴えたのはこのことでした。

マルクスは一八八〇年にフランス労働党の依頼により、同党の「綱領前文」を書いたことがあります。それは「体制」論として社会主義・共産主義社会の中心点をきわめて簡潔に、かつ鋭くえがいたものです。短いものですから引用します。

「生産階級の解放は、性や人種の差別なしに、すべての人間の解放であること
生産者は生産手段を所有する場合にはじめて、自由でありうること（傍線―引用者）
生産手段が生産者に所属することのできる形態は、次の二つしかないこと、
一、個人的形態――この現象は普遍的な現象であったことは一度もなく、また工業の進歩によってますます排除されつつある、
二、集団的形態――この形態の物質的および知的な諸要素は、資本主義社会そのものの発展によってつくりだされてゆく、（傍線―引用者）

（中略　普通選挙の重要性を指摘している）

フランスの社会主義者的労働者は、経済の部面ではすべての生産手段を集団に返還させることを目標（傍線―引用者）として努力する一方、組織化および闘争の手段として、次の最小限綱領をもって選挙に参加することを決定した」（全集一九巻、二三四―二三五ページ）。

生産者（この場合は労働者）が生産手段を自らのものとして所有したとき、はじめて労働者は自由になる――これはさきほど自分自身で生活できる生産手段を持っている人々が、一番人間を取り戻すことができるといったことと一致します。

しかし重要なことは、マルクスが一人一人が小さな生産手段を所有する形態は歴史上長いあいだ存在してきたが、それが「普遍的」なものになったことは一度もないと言っていることです。私があげた独立自営業者を、日本のすべての人々に普遍化することができないことは自明のことです。

したがってマルクスは今日では労働者が「集団的形態」で生産手段を所有することこそ、労働者が生産手段を取り戻す形態となると述べているわけです。たとえば自動車産業、鉄鋼産業、電機産業、航空産業、鉄道産業等々を見ればすぐわかるように、生産手段は巨大なもので、「労働者集団」の形態で所有する以外方法はありません。資本家も個人でこのような巨大な生産手段を所有しているのではなく、共同で所有しています。

「労働者集団」の所有の具体的形態は、労働者が集団的に株を所有する形態、協同組合的形態、労働者を代表する社会的組織形態（国有化を含む）などいろいろな形態が考えられます。ここに社会主義・共産主義社会の「経済的基礎」があります。

もちろん生産手段を現場の労働者集団だけが所有するというのではなく、事務労働をしている労働者など、企業全体の労働者の所有とすることは当然です。企業全体で仕事をして生産がおこなわれるのですから、これは当然のことです。蛇足ですが一言付言します。

このマルクスの定義は実に重要な意義をもっています。私はソ連が社会主義だといわれていたときから、ソ連の国有企業が社会主義の「経済的基礎」だとは考えていませんでした。労働者は企業の管理・運営から排除され自由を感じたことはなかったからです。ですからソ連崩壊は政治構造の崩壊だけではなく、経済の土台からひっくりかえり、ソ連体制の完全崩壊となったわけです。ユーゴスラビアの「自主管理社会主義」も「青写真」に終わり失敗しました。したがって人類はいまだ社会主義の経済的基礎を発見していないのです。したがってここでマルクスが言っている社会主義の経済的基礎の内容は、社会主義の「体制」論として決定的に重要な意味をもっていることを強調したいと思います。

●「生産手段の社会化」という用語

生産手段を個人の所有から集団のものにし、社会のものにしていくことを、労働者の運動や革命の要求・目標として簡潔に表現する言葉として、マルクス、エンゲルスは後になって「生産手段の社会化」という言い方をしました。したがって私もこれから、しばしば「生産手段の社会化」という用語を使いますが、それは労働者が生産手段を「集団的形態」で所有するということと同じ意味です。

●搾取を廃絶する根本

この生産手段の社会化は人間による人間の搾取をなくす根本です。もしトヨタ自動車で労働者が生産手段の所有者になり搾取を廃絶すればどのようなことが起こるでしょうか。トヨタ本社は現在の金融危機で生産が下降していますが、二〇〇八年三月決算では経常利益が一兆五八〇六億円となっています。このうち四四二五億円を税金として納め、ほとんど同額の四四三二億円を株の配当金にまわしました（『日経マネー』のホームページ）。会社に残るのは実に六九四九億円です。これは一般的に「内部留保」と呼ばれているものです。このなかには退職引当金などいろいろなものが含まれます。企業側がいう生産拡大のための準備金もあるでしょう。しかしいずれにしろ約七〇〇〇億円をどう使うかは会社の自由になっています。このうちのごくわずかを使えば、トヨタの非正規社員の雇用を維持することができるのに、そうしようとはしません。

しかしこの約七〇〇〇億円は誰が稼ぎだしたのでしょうか。トヨタの労働者です。労働者がつくりだした剰余価値です。それを会社が全部もっていってしまったわけです。それにもかかわらず、会社がそれをどう使うかの決定に労働者を参加させることもしません。生産手段が社会化されれば、七〇〇〇億円を労働者がどう使うかを労働者自身が決定することができるようになります。もちろんその際、トヨタの労働者が税金の納入も含めて社会にたいする責任を果たす立場から決定しなければならないことはいうまでもありません。しかしいずれにしろ自分たちで稼ぎだしたものを自分たちでコントロールできるようになります。これが労働者の生活を大きく向上させることになるのは間違いありません。

財務省の「法人企業統計」によって全国的規模で見てみると、二〇〇三年から二〇〇七年春までの資本金一〇億円以上の大企業の経常利益は、実に一六〇兆円にのぼります。生産手段の社会化が労働者の前にどれほど大きな可能性と展望を開くかはいうまでもありません。また社会主義が現在の国民の貧困や、貧しい福祉・医療・年金・介護等々の問題を根源的に解決することができる、経済的保障もここにあります。

このように生産手段の社会化は、国民を貧困から解放する決定的な手段となります。

●驚いたエンゲルス

ところでエンゲルスは「フランス労働党の綱領前文」がどのようにしてできたかを説明し、自分自身でその簡潔さに「びっくり」したと述べています（一八八一年一〇月二五日付のベルンシュタインにあてた手紙」全集三五巻、一九四ページ）。エンゲルスはフランス国民は「世界をフランスの理念で幸せにしている」と考えており、パリを「光明の中心地」とみなしているので、フランス労働党の社会主義者であっても「社会主義的理念をドイツ人のマルクス」に書いてもらうのは「いやなこと」であったそうです。しかしマルクスに頼みにいったゲードという人物は、そういうことを「少しも意に介していない少数者のひとり」であり、「パリ人のうちでは理論的にずばぬけて頭脳明晰」な人であったそうです。そのゲードと、エンゲルスに『空想から科学へ』を書くよう要請していたフランス労働党のラファルグ、それにマルクスとエンゲルスの四人がエンゲルスの部屋に集まり「前文」ができたそうです。マルクスは「前文」を口述筆記させました。エンゲルスはそれを聞いていて驚いた様子をつぎのように書いています。

「これは説得的な、数語で大衆に説明できる論証の傑作で、私がほとんど出会ったことのないような、私自身、その簡潔な言い回しにびっくりしたほどのものでした」（全集三五巻、一九四ページ）。

後にエンゲルスは「フランスとドイツの農業問題」という論文のなかで、これを利用し「社会主義の任務は、もっぱら生産手段を共同所有として生産者に引き渡すことにある」（全集二二巻、四八八ページ）と述べています。

一五、「国有化イコール社会主義」ではない

ところがこれまではソ連の影響が強く、社会主義といえば「国有化」だと考えられてきました。「国有化」は生産手段の社会化の一形態ですが、「国有化」が社会主義の唯一の形態（農業は集団化）であるとされてきました。さまざまな形態の「労働者集団」による所有が社会主義の「経済的基礎」となりうることを否定していたのです。したがってソ連では労働者がつくりだす

価値をどう使うかを決めるのは、基本的に国家でした。そのうえその国家が民主的ではなく、現実には労働者は自分自身がつくりだしたものの管理から全く引き離されていました。これはマルクスの考えていた社会主義とは全く違うものです。「国有化イコール社会主義」ではないことを、はっきりと確認しておきたいと思います。

●「国有化」についてのマルクス、エンゲルスの考え

ここでマルクス、エンゲルスの「国有化」について、少し込み入った話になって恐縮ですが、マルクスの社会主義の「体制」論を知るうえで重要な点ですので触れておきます。

マルクス、エンゲルスは国家は社会主義・共産主義社会では死滅するという「国家死滅」論者でした。したがって社会主義・共産主義社会での「国有企業」などという概念は、そもそも二人にとっては成り立ちえないのです。

エンゲルスは『反デューリング論』のなかで「プロレタリアートは国家権力を掌握し、生産手段をまずはじめに国家的所有に転化する」が、それを最後に国家は「やがてひとりでに眠りこみ、死滅するのである」（全集二〇巻、二八九―二九〇ページ）と述べています。

たしかに『共産党宣言』のなかでは、マルクスとエンゲルスは労働者が権力を握るとまず第一に資本家から「いっさいの生産用具を国家の手に……集中」（全集四巻、四九四ページ）すると述べています。しかし『反デューリング論』でも『共産党宣言』でも、これはまさにプロレタリアー

トが権力を握り、〝まずはじめに〟おこなう行為であって、「革命的変革期」の問題、別の言い方をすれば資本主義から社会主義への「過渡期」の問題として述べたことです。

ですからマルクス、エンゲルスの「国有化」論を問題にするときには、「革命的変革期」あるいは「過渡期」のことなのかどうなのかをみて判断していかなければなりません。これが一点です。

●過渡期について

しかしもう一つ注意しておかなければならないことは、マルクスのいう「過渡期」の内容のことです。彼の考察のなかには「過渡期」を政治上の「革命的変革期」と、新しい労働の組織など社会主義・共産主義の生産関係が社会に形成され、定着していく長い経済上の「過渡期」とがありました。前者は『ゴータ綱領批判』で書いた有名なマルクスの過渡期論ですので、参考のため全文を引用しておきます。

「資本主義社会と共産主義社会とのあいだには、前者から後者への革命的転化の時期がある。この時期に照応してまた政治上の過渡期がある。この時期の国家は、プロレタリアートの革命的執権以外のなにものでもありえない」（全集一九巻、二八―二九ページ）。

後者についても全文を引用すると長くなりすぎるのでポイントだけをいうと、マルクスは『フランスにおける内乱』の第一草稿のなかで、資本主義から社会主義・共産主義へ移行するには、奴隷制度から農奴制への移行のように、また農奴制から資本主義への移行のように「長い過程をつうじてはじめて可能になる」（全集一七巻、五一八ページ）と述べ、「過渡期」を数世紀的規模のものとして想定しています。ここで重要なことは、時期的にいって『綱領批判』の規定は、『内乱』の規定より後からでてきたものであるという点です。したがって『綱領批判』の資本主義から共産主義へという期間は『内乱』と同じように数世紀規模のものなのかどうなのか疑問が生まれます。実際これは議論をよびましたが——現に学界で論争がありました——いずれにせよマルクスは政治的過渡期と、社会主義の経済関係を定着させる長期の経済的過渡期が存在することを想定していたことは間違いないところです。ですからマルクス、エンゲルスの「国有化」はこのような過渡期論との関係のなかで見ていかなければならないということです。

●過渡期論争について

ことのついでに述べておくと、日本でも世界でも過渡期については大きな論争がありました。問題は一九六〇年代初期から起こった中ソ論争に端を発しました。ソ連はスターリンが単純に「国有化イコール社会主義」としたため、ソ連では「過渡期」は一九三〇年代半ばに終わり、社会主義が建設されたと主張していました。これはソ連だけではなく、一種の国際的常識になっていました。そこに六〇年代に入って毛沢東の中国が、先に引用したマルクスの『ゴータ綱領批判』を使って、マルクスも資本主義から「共産主義」へ移行するまでが「過渡期」であり、社会主義も「過渡期」のなかに入ると主張しました。これは私がさきに述べたむずかしい「過渡期」論とは無関係に出てきたものです。なぜなら中国では社会主義はもう建設されたという規定づけがおこなわれていたからです。いずれにせよ、このことから論争が起きたわけですが、毛沢東の狙いは「社会主義」も「過渡期」だとして「大躍進」路線をとったり、社会主義になってもまだ資本主義の復活をめざす連中がいるとして、あの「文化大革命」を起こす口実にするところにありました。これを契機に日本の学界でも大きな論争が起こったわけです。

マルクスもエンゲルスもレーニンも未来社会を「社会主義」といったり「共産主義」といったりし、実際には厳密に使いわけることはしませんでした。そのため論争は引用合戦的になりました。私自身について率直にいえば、ソ連はまだ社会主義の「生成期」と考えていましたが、過渡期論そのものとしてはソ連の立場に立っていたことを告白します。マルクスが過渡期を政治的過渡期と経済的過渡期にわけていることも知っていましたが、いまその重要性を改めて確認しているところです。若い世代の人々にとってはわけのわからない、つまらぬ論争だと思われるかも知れませんが、社会主義とは何かということを現代的レベルでとらえるうえで意味ある論争であったと思っています。

一六、生産手段の社会化が新しくつくりだすもの

生産手段が社会化されると、国民生活のさまざまな分野で搾取社会では考えられなかったことを実現することができます。搾取の廃絶を実現し、それが国民生活の面でどういう展望を切り開くかは述べました。それ以外につぎのようなことがいえると思います。

●人間の全面的発達を保障する

マルクスはものすごい悪筆で記号のような文字を書く人でしたが、実に名文家でもありました。これはマルクスが書いたものと想定してのことですが、『ドイツ・イデオロギー』のなかで社会主義・共産主義社会になると「私の気のおもむくままに朝《あした》には狩りをし、午《ひる》すぎには魚をとり、夕《ゆうべ》には家畜を飼い、食後には批判をする」（全集三巻、二九ページ）ことができるようになると書いています。こううまくはいかないでしょうが、マルクスが強調したかったのは、人間が生きるためには一つの分業に自分を一生結びつけておかなければならないという状態は、社会主義・共産主義社会ではなくなり、余暇を利用してさまざまなことを学び、人間の全面的発展が保障されるということにありました。なぜか。

生産手段を社会化しても人間は労働しなければなりませんが、資本家のために働く剰余労働時間がなくなります。もちろん社会のために働く時間は必要です。しかし乾いたタオルを絞るような剰余労働はなくなります。これは労働時間を抜本的に縮小することになります。そして労働者は余暇を新しい技術の習得、読書、スポーツ、文化・芸術活動などのために利用することができます。よく社会主義になると人間は働かなくなり、怠け者をつくるだけになるといわれますが、社会主義・共産主義社会でつくりだされるのは全面的に発達した人間であるということです。マルクスは『資本論』のなかで、人間が「食うため」の苦労から解放され、なにひとつ生活上の苦労がなくなり、人間の全面的発達が実現する社会を「真に自由な国」と呼びました。そしてそのためには「労働日（労働時間―引用者）の短縮こそは根本条件である」（全集二五巻b、一〇五一ページ）と強調しています。

●計画経済を確立する

資本主義は利潤追求を第一義的目的として生産活動をおこなう制度です。売れさえすればいいということで、この商品を社会がどれだけ必要としているかは分からずにどんどんと無政府的に生産しますが、ひょっと気づくと市場に過剰な商品が溢れているという状態がつくられ、それが不況となり失業者をつくりだします。また利潤第一主義で自然環境・地球環境を破壊していきます。しかし資本家にとっては「後は野となれ山となれ」で、そういうことには目もくれず利潤追求を第一義的にすすめます。マルクスはこの資本の論理を「わが亡きあとに洪水はきたれ！」（全集二三巻a、三五三ページ）と述べています。

しかし社会主義では生産手段が社会化されているため、この生産物はどれだけ社会が必要としているかを知る「社会的理性」が事前に発揮されるので、失業はいうまでもなく、不況・恐慌などによる浪費を防ぎ、生産を計画的におこない、効率よく生産活動をおこなえるようになります。マルクスはこのことを資本主義では「社会的理性が事後になってからはじめて発現」（全集二四巻、三八五ページ）するのにたいし、「共産主義の社会を考えてみれば……どれだけの労働や生産手段や生活手段をなんの障害もなしに（各事業部門に）振り向けることができるかを、前もって計算」（同上）できるとして、「社会的理性」が事前に発現すると特徴づけています。

私は計画経済についてもう一つの側面も強調したいと思います。それは労働者が「自由」を感じ「創造性」を発揮する内容をもっているということです。よく社会主義では生産手段が労働者のものになっても、生産ノルマが上から押しつけられるようになるので、労働者はあいかわらず職場で自由にはなれないということがいわれます。これは違います。それぞれの「労働集団」が自分たちの利益になるように自分自身で生産計画をつくり、それを全国的規模で調整していくのが計画経済であると思います。マルクスは未来社会を『資本論』でつぎのように描いています。

「共同の生産手段で労働し自分たちのたくさんの個人的労働力を自分で意識して一つの社会的労働力（強調—引用者）として支出する自由な人々の結合体」（全集二三巻a、一〇五ページ）。

ここに見られるように個々の労働者が「自分で意識」して労働することが根底にあり、それが「一つの社会的労働」になるように「調整」していくのが計画経済であって、上がつくった計画を個々の労働者にノルマとして義務づけるのが計画経済であるという考えはマルクスには全くありません。「一つの社会的労働」として全国的調整をしなければ、経済の混乱を招きますから、全国的調整は必要です。しかし計画は上から押しつけられるものではありません。下から計画をつくりあげていってこそ労働者が職場で「自由」を感じ、したがってまた「創造性」も発揮できるようになるわけです。計画経済は不況、失業を防ぐだけでなく、このように労働者にとって重要な人間性を保障するものです（なお計画経済の問題にはさまざまな意見があるので、ここでそれをすべて論じることは控え、あとでもう一度再論することにします）。

●生産力を一層発展させる

いまみたように社会主義は利潤追求を目的に無政府的に生産をおこなう制度ではなく、国民生活向上のために生産活動をする社会です。国民生活をますます向上させるためには、生産力をますます発展させなければなりません。生産手段の社会化は「無政府的生産」をやめ浪費をふせぐので、まさに国民生活向上の要求にそった生産力を継続的に発展させることができ、生産力の新たな飛躍的発展をもたらします。またいま温室効果ガスを地球上にばらまいているような生産力の発展ではなく、自然エネルギーを利用した質の高い生産力を発展させることができます。

●マルクス論のおわりにあたって

「各人の自由な発展が万人の自由な発展の条件であるような一つの結合社会」——これが『共産党宣言』の第二項の最後で社会主義・共産主義社会を特徴づけた、マルクス、エンゲルスの言葉です（全集四巻、四九六ページ）。

これはマルクスの社会主義論として特別に重要な意味をもっていることを明記しておきたいと思います。これは単なるスローガンではありません。「一人は万人のため万人は一人のため」というのが、社会主義社会の特徴だといわれることがあります。それはそれで一つの言い方かも知れませんが、ここで指摘しておきたいのは、先に述べたようにマルクスは個々の労働者が意識的に労働し、自分自身が自由になることがすべての基礎であり、それが万人の自由の条件になるといっていることです。基礎が万人あるいは社会のほうにあり、それが個人の自由の条件になるのではないのです。

マルクスの出発点は「疎外された人間」がいかにして自由になれるかにありました。その探究こそがマルクスの社会主義論であることを、最後に強調したいと思います。

第2章 レーニンの苦悩と社会主義論

マルクス、エンゲルスは資本主義から社会主義への突破口を開くのは、イギリス、フランス、ドイツなど先進資本主義国であると考えていました。にもかかわらずロシアという、資本主義の発展の遅れた後進国が、その突破口を開き、また一国で社会主義建設に進まざるをえなくなったことは、二人にとって予想外のことであったでしょう。マルクスもエンゲルスも、ロシアにある農民の「共同体」という独特の形態が社会主義へ進む可能性をもっていることを認めていましたが、それは西ヨーロッパの先進資本主義諸国の労働者が勝利し、その支援をうけてはじめて可能になると考えていました（エンゲルス『共産党宣言』のロシア語版への序文」（全集四巻、五九三ページ）。

しかし逆転が起こり一九一七年一〇月に社会主義を目指す政権がロシアに樹立されました。レーニンはこの「逆転」を前にして、「世界史全体の発展」は、マルクスが発見した「一般的な法則」に従うのが当然であるが、そのことは「発展の独自の形態」や異なった「順序」があることを「すこしも除外するものではな」い（「わが革命について」全集三三巻、四九七ページ）と主張しました。そして〝ロシアは、社会主義を可能にするほどの生産力の発展段階に達していなかった〟として、ロシア革命を中傷する評論家にたいし、社会主義を建設するには「一定の文化水準」が必要であるというなら、ロシアの労働者、農民が権力を握り、「そのあとで……他の国民においつくために前進してはいけないのであろうか」（同上、四九九ページ）と猛烈な反撃を加えています。

しかしこの後進性こそ、革命に成功したレーニンを苦悩させることになりました。

一、ロシア十月革命の世界史的意義

ロシアは後進国でしたが、マルクス、エンゲルスの理論が早くから移植され、後進性と最新の思想とが入り交じった国でした。だからこそレーニンの巧みな指導のもとで、十月革命が成功したといえます。

十月革命は普通、社会主義革命と呼ばれますが、革命によって生まれたソヴェエト政権が一番最初に公布したのは、ロシアが帝国主義戦争から抜け出すための「平和についての布告」であり、また地主の土地を没収して農民に引き渡す「土地についての布告」など、民主主義革命の課題でした。すぐに社会主義に移行するための経済的課題を掲げたものではありませんでした。しかし、社会主義を目指す政権ができたことに相違はなく、労働者と一般勤労者のための政策をつぎつぎと実行し、ロシアと世界の労働者に巨大な感動と勇気を呼び起こしました。

十月革命後ただちに八時間労働制が世界で初めて確立されました。また有給休暇制度、教育権、居住権等々が確立されました。また労働者の負担なしの社会保障制度が、まだ実質的内容には乏しいものであったとしても、世界で最初に制度として確立されました。この問題をあつかう省は「国家保護人民委員部」と呼ばれましたが、一九一八年にレーニンはこの呼び方は「施物と慈善という性質をもっていた古い時代の残存物」を思わせるとして、「社会保障人民委員部」と改名しました。こうしていま私たちが当たり前のように使う「社会保障」という言葉そのものが生まれました。また革命後の内戦と外国の干渉という苦境のもとで、一九二〇年に資金不足のため社会保障人民委員部の解散という意見がでたとき、レーニンは「党はこれらの任務を放棄することはできないし、社会保障の必要性の原則をどんなことがあっても維持する必要がある」と断固として解散に反対しました（柴田嘉彦『世界の社会保障』）。

このように十月社会主義革命は、人類が資本主義とは違った道を進むことができることを世界に示したところに世界史的意義があります。この十月革命は二〇世紀を資本主義から社会主義へと世界史を大きく転換させていく世紀にしました。ソ連は崩壊しましたが、今日でも中国、ベトナム、キューバで社会主義建設の事業が進められ、さらにラテンアメリカでいま社会主義への模索が大きく広がっています。

●ソヴェエト政権は連立政権だった

ここで重要なことを述べておかなければなりません。ソ連は一党独裁だったために「社会主義イコール共産党一党独裁」というイメージが非常に強いと思います。しかしこの十月革命で生まれたソヴェエト政権は、レーニンたちのボリシェビキ党の一党政権ではなく連立政権でした。この政権をつくるにあたり、社会主義を目指すと言っている党であれば、どの党派も政権に参加すべきだという提案が大衆団体からありました。当時ロシアには社会主義を目指すことを掲げていた党派として、ボリシェビキ党以外に、エス・エル党（社会革命党）とメンシェビキ派がありました。ロシアには伝統的に農民解放のための「ナロードニキ」（人民主義者）運動というのがあり、エス・エル党というのは、この流れをくみ、農民に深く根をおろしてきた党です。メンシェビキ（少数者）派はロシア共産党（正確には「社会民主労働党」）が分裂したとき、少数派となった党派です。レーニンらの多数派は「ボリシェビキ」（多数者）と呼ばれました。

この連立の提案にたいし、ボリシェビキ党はそれを拒否せず、その他の党派も賛成しました。ところがその他の党派は連立をつくるにあたり、誰でもが認める十月革命の最高の指導者であった、レーニンとトロツキーが政府に入ることを許さないという条件をつけました。ボリシェビキ党が絶対にのめない条件であることはいうまでもありません。レーニンは当然、拒否しました。メンシェビキのごく少数派とエス・エル党左派も、この要求が全く道理にあわないことを主張し、最終的にはボリシェビキ党とエス・エル党左派の連立政権として、ソヴェエト政権は生まれたのです。

農民に根をおろすエス・エル党左派が政権に参加したことは、ソヴェエト政権の基盤を広げるうえで重要なことでした。エス・エル党左派から政府に入閣していたプロシヤンという人物が死去したとき、レーニンは「同志プロシヤンの思い出」という一文を『プラウダ』紙に発表し、プロシヤンは「ソヴェト権力の強化確立のためにやってきた」人と書いています（全集三六巻、五八七ページ）。エス・エル党左派が閣外にでたのは、一九一八年春にドイツとの講和に反対し、ボリシェビキ党と意見が分かれたためです。レーニンが連立政権や複数政党制を当然のことと考えていたことは、きわめて重要なことです。

二、なぜロシア革命はマルクスの予想と違ったのか

それにしてもなぜロシアで社会主義を目指す政権が世界で最初にできたのでしょうか。それにはロシア革命の特殊性をよく理解する必要があります。

●フランス革命が一三〇年後にきたロシア二月革命

一九一七年の十月革命の前にロシアでは二つの革命がありました。一つはロシアの専制的封建王制を打倒しようとする、一九〇五年のブルジョア民主革命です。しかしそれは失敗し、首都ペトログラードだけでも何千名という労働者、市民の血が流されました。二つ目はそれから一二年経った一九一七年二月革命です。この二月革命によってロシアの専制的封建王制が打ち倒されました。フランスのブルジョアジーが封建王制を打倒し、封建社会の身分的特権を廃止した一七八九年のフランス大革命が、約一三〇年後にやってきたといえます。それほどロシアは遅れ

ていたわけです。レーニンは一九一八年に書いた論文「ソヴェト権力の当面の任務」のなかで、「西ヨーロッパの革命を基準にとってみれば、われわれはいま」やっとフランス革命が「達した水準にある」（全集二七巻、二四七ページ）と述べています。

しかしフランス革命との違いは、ロシアでは労働者とそれに合流した兵士（農民出身者が多い）が二月革命の推進力となったことです。

●矛盾の集中点としてのロシア

それに加え各種の矛盾が後進性のためにロシアに集中していました。第一にロシアのブルジョアジーは旧封建勢力と深く結びついていました。そのため二月革命でブルジョア政府をつくったものの「土地を農民へ」という農民にとって最大の問題を全く解決しようとしませんでした。さらに資本主義の発展が遅れているとはいえ、それがもたらす諸矛盾、さらに帝政ロシアとそれに従属させられていたポーランド、フィンランド、バルト三国、カフカーズその他の諸民族とのあいだの矛盾がもたらす諸問題をなんら解決しようとしませんでした。そのうえブルジョア政府は国民の苦しみを頂点にまで押し上げた、第一次世界大戦を続行しました。この戦争が集中した諸矛盾を爆発させました。レーニンは第一次世界大戦がロシア革命の「全能の〝舞台監督〟」（「遠方からの手紙」全集二三巻、三二九ページ）であったと述べています。

このような状況のもとで――すなわちブルジョアジーがブルジョアジーとして果たすべき任務

すら果たさない状況のもとで、レーニンという非常に優れた指導者の存在もあって、マルクスの予想とは違い、ロシアは後進国であってもロシア人民を救う道として社会主義を目指す政権を選択したのです。

●労働者の闘いの爆発力

このことを若干理論的に整理しておきたいと思います。エンゲルスは資本主義の根本矛盾は、生産が個人のためではなく広く社会のためにおこなわれているにもかかわらず、生産物はそれを生産した労働者のものにはならず、資本家に取得される、すなわち「社会的生産と資本主義的取得とのあいだにある矛盾」(「空想から科学へ」全集一九巻、二二一ページ)であると述べました。これは資本主義の構造の最も基本的な矛盾です。

しかし重要なことは第一章で述べたように、この構造的矛盾がそのまま資本主義を爆破させるのではないということです。必要なのは階級闘争です。この点で興味あることは、マルクスが遅れた国のほうがより大きな階級的爆発力を持っていると指摘していることです。

マルクスは『フランスにおける階級闘争』のなかで、経済的にみれば当時イギリスが世界ブルジョア体制の「心臓部」であったが、革命としての爆発力はこの世界体制の「末端部」で「よりはやく」爆発せざるをえない(全集七巻、九四ページ)と述べています。なぜなら「心臓部」のほうが、「調整」力をより多くもっているからだと指摘しています(同上)。マルクスはこのときロシアを「末端部」とみなしていたのではなく、ヨーロッパ大陸、とくにフランスのことを指していました。この点でロシア革命はやはりマルクスの予想とは違いますが、革命は「末端部」のほうが早く起こる可能性があるという洞察は、後進国革命を分析するときに非常に大きな理論的意味をもっていると思います。それがまさにロシアにあてはまりました。

ロシアの労働者が階級闘争の強烈な爆発力をもっていたことが、矛盾の集中点とともに、遅れたロシアを社会主義へ向かわせることになったといえます。いまロシア十月革命の意義を否定する議論がロシア自身で起こっていますが、「末端部」における爆発力の強烈さは、つぎに述べる一九一七年二月革命から十月革命に至る過程が明瞭に示しています。この点からもマルクス、エンゲルスからレーニンが非難されるべき筋合いは全くありませんし、またマルクスが自分の思うように世界は変わらなかったという嘆きも、さして当たっているとも思いません。

三、ソ連崩壊後のロシア革命論について

ロシア革命の意義を否定する議論は、西欧や日本で昔からありました。この革命は「まぐれ当たりの〝クーデター〟にすぎない」（G・ボッハァ『ソ連邦史』第一巻より）とか、また日本でも労働者階級がブルジョア階級を打倒したのではなく、レーニンなど少数の「エリート」集団の「陰

謀」によるものであったというようなことが、まことしやかにいまでもよくいわれます。

●権力は街の通りに転がっていたのか

それがソ連崩壊後のロシアでも、あれは人民の革命でもなんでもないというロシア革命論が広くゆきわたっています。一九一七年二月のブルジョア革命以後、ブルジョア臨時政府とともに、労働者・兵士ソヴェト（評議会）と呼ばれる権力も成立しました。そもそも臨時政府はこのソヴェト内部にいたメンシェビキ派とかエス・エル党の支持をえて、はじめて成立したものです。そういう意味ではロシアの国家は解体していました。そのためロシア十月革命の意義を否定するいまのロシアの論調は二月革命以後、「権力」は首都ペトログラードの中心通りである「ネフスキー通り」に「転がって」いたという言い方をします。十月革命とはレーニンがそれをひょいっと「拾い上げただけの、クーデターであった」（例えばD・A・ボルカゴーノフ『七人の指導者』。高校生用教科書『二〇世紀のロシア史』、等々）と言っています。

●二月革命から十月革命にいくべきでなかったか

またこういう議論をする人々は、必ずロシアはブルジョア民主革命であった一九一七年の二月革命の段階で止まっておくべきであった、一〇月の社会主義革命までいくべきでなかったと主張します。一〇月までいってしまったため、ソ連にあの一党独裁の専制政治体制ができたのであり、ソ連の不幸はそこから始まったのだと主張しています。

実は二月革命段階で止まっておくべきだと主張したのは、今日のロシアの歴史家や評論家だけでなく、当時メンシェビキ派、エス・エル党もそう主張しました。それにロシア国内で活動していたスターリンやカーメネフといったボリシェビキ党の指導者の一部でさえ同様なことを主張しました。この主張がロシアのブルジョアジーを代表し、また貴族や大地主、高級官僚や軍幹部も参加していたカデット党の立場を強めたのはいうまでもありません。

レーニンとそれを支持するボリシェビキだけが十月革命への前進を唱えました（スターリン、カーメネフは後にレーニンに同意しました）。レーニンが十月革命に進まなければならないと主張したことの正確さは、二月から一〇月に起こった事実をみれば明白です。

二月革命後、すでに述べたようにブルジョアジーの臨時政府は、ソヴェエトのなかで多数を占めるエス・エル党、メンシェビキ派などの支持なしにはやっていくことはできず、もう一方で全権力をとる実力はあるが、その気のないソヴェエトが成立するという独特な「二重政権」がつくられました。レーニンのスローガンは「全権力をソヴェエトへ」でした。

臨時政府は農奴解放問題をはじめロシアに集中した諸矛盾を何ら解決しようとしませんでしたが、その口実としたのは、すべては新しい憲法を定める憲法制定議会の選挙のあとにしようというものでした。「臨時」政府と名づけたのは、憲法制定議会ができるまでの臨時の政府であるという意味でした。しかし彼らはその選挙をおこなうのをいつまでも引き延ばしました。エス・エル党もメンシェビキ派もこれに同調しました。

●ボリシェビキは権力を握ってはいけなかったのか

こうした事態のもとでレーニンが掲げた「全権力をソヴェトへ」のスローガンは、労働者、兵士などから次第に大きな支持を受けるようになりました。このことは「平和とパンと土地」を求めたロシア民衆の運動が二月革命後、一層発展していったことにはっきりと示されています。二月革命から十月革命までのあいだに首都ペトログラードの労働者、兵士、市民は職場を放棄し、初めは一〇万人、その後は四〇万人、五〇万人という大デモへと発展していきました。当時のペトログラードの人口は約二〇〇万人でしたから、これがどれだけ首都を揺るがす大規模なデモであったかが分かります。ボリシェビキ党が権力を握ってはならないという根拠はどこにもありません。

●平和移行の可能性を追求したレーニン

しかもレーニンは平和的方法によって権力を掌握する可能性をあくまで追求しました。二月革命の最初の段階では、まだ多くの大衆は「臨時政府を認めている」ソヴェトを支持しており、ソヴェトのなかでボリシェビキ党は少数派に止まっていました。しかしレーニンはボリシェビキ党が忍耐強い説得活動によって大衆の考えを変え、ソヴェト内部の政党間の力関係を変えていくならば、革命の平和的移行は可能であるとしました。

四月に大規模なデモがおこなわれたとき、ボリシェビキ党内の急進分子が「臨時政府を倒せ！」のスローガンを掲げたことにたいし、レーニンは大衆はまだそこまで考えが至っていないので、そのスローガンは「いまは正しくない」し、「客観的には冒険主義的な試みに帰着する」（一九一七年四月二二日朝採択されたロシア社会民主労働党（ボ）中央委員会の決議」（ボはボリシェビキの意味―筆者）全集二四巻、二〇七―二〇八ページ）として反対しました。こういう点にまで気をくばりながら平和的移行の可能性を追求しました。これも大衆から支持を受けました。

最終的には九月に臨時政府とそれに参加しているすべての党派が、革命勢力を暴力的に粉砕する態度にでてきたため、やむなく一〇月の革命的蜂起となりました。しかしこれだけのボリシェビキ党のねばり強い活動と努力があったので、ペトログラードの冬宮殿に籠った臨時政府の首脳たちを逮捕するためにおこなった、最後の一撃は簡単にすみました。レーニンは強力革命一本槍の革命家であるかのように思われがちですが、こうした柔軟性のある人物でした。いわんやレーニンがネフスキー通りに転がっていた権力をひょいっと「拾い上げた」のが十月革命であったとか、十月革命はエリートの「陰謀」だったなどということは、絶対に成り立つ議論ではありません。

レーニンに批判的なフランス人の有名なロシア史研究家ダンコースさえ、二月から一〇月への過程は「レーニンの成功」であり、「組織された陰謀ではなく、民衆の怒り」の爆発がそこにはあったと書いています（『ソ連邦の歴史』第一巻）。

フランス革命より一三〇年遅れて起こった二月のロシア革命が一〇月の革命に結びつき、それによってロシアは今度は世界史の発展を早め、政治的には世界の先端をいく国に押し上げたのです。

四、レーニンのマルクス理解について

以上で十月革命までの経過の説明は終わりますが、レーニンの本当の苦悩が始まったのはその後からでした。その第一の政治上の問題は、憲法制定議会の選挙でボリシェビキ党が敗北を喫し、ソヴェエト政権が憲法制定議会を解散させたことです。これは反革命勢力に最大限に利用され、「憲法制定議会の復活」がこれらの勢力の主要なスローガンの一つとなりました。またソ連崩壊後の歴史書、評論その他でもロシアで民主主義が失われたのは、レーニンによる憲法制定議会の解散にあったと主張されています。本書は社会主義の経済面を主として扱うものですが、この問題をさけて通ることはできないと思いますので検討しておきます。

●憲法制定議会の選挙とは

憲法制定議会の選挙というのは、一九〇五年にあったブルジョア民主革命のときから、ブル

ジョア側がツァーリズム君主制を打倒したあと、ロシアの新しい憲法をつくる憲法制定議会の選挙をおこなうと公約していたものです。一九一七年の二月革命の結果として臨時政府もまたこの選挙をおこなうことを改めて公約したのは当然でした。しかし臨時政府はさきに述べたように選挙を先延ばしにしていました。さすがに先延ばしをこれ以上つづけられないとみた臨時政府は、一九一七年一一月一二日に選挙を始めることを決定しました。

しかしこの選挙がおこなわれる前の一〇月二五日に十月革命が成功しました。それでもソヴェエト政権はロシア革命の全過程からみて、この憲法制定議会の選挙を決められていたとおりおこなうことを決定しました。

選挙の結果、ボリシェビキ党は都市部では大きな勝利をおさめました。ペトログラードとモスクワの二大都市では、ボリシェビキ党は単独で八三・七万票をとり、カデット党より三二万票多い勝利を獲得し、またエス・エル党より四倍も多い票を獲得しました（エス・エル党は二一・八万票）。メンシェビキ派は全国あわせても一四〇万票しかとれず惨敗しました。一九一七年二月革命のときには、エス・エル党とメンシェビキ派がソヴェエトの内部で大多数派であり、ボリシェビキはわずかな少数派にすぎませんでしたが、九カ月のあいだでこれだけの差がでたことは、ボリシェビキ党の路線が正しかったことを証明するものであり、この党が国民に必要な党であることを示しました。レーニンが都市部で勝利した意義をたびたび強調したのは正当なことです。

しかし農村では敗北しました。農民はエス・エル党に投票しました。エス・エル党は先に指摘したように農民（人口の八〇％）のなかに根をはる党でした。ボリシェビキ党とエス・エル党左派をあわせても、エス・エル党右派とブルジョアジーを代表するカデット党の合計のほうが一七〇議席以上うわまわりました。

この事態のもとで、ソヴェエト政権は憲法制定議会が同政権を承認するよう要求しましたが、このような構成の憲法制定議会がソヴェエト政権を承認するはずはありませんでした。そこでソヴェエト政権は議会が召集された翌日の一九一八年一月六日に、憲法制定議会を解散させました。なぜ農村部で負けたのかは後述します。

●ボリシェビキ党の三つの選択肢

日本語訳の題名では『共産主義とは何か』を書いたロイ・メドベージェフによれば、ボリシェビキ党が十月革命を成功させたとき、一一月一二日の憲法制定議会の選挙にたいしどういう態度をとるべきかについて、三つの選択肢があったとのことです。

第一は全権力がソヴェエトに移ったので、憲法制定議会という構想をすべて放棄することです。ソヴェエト政権は憲法制定議会より高次の段階にある民主主義的政権の形態であるからという理由によるものです。

第二は少なくとも一、二カ月間でも選挙を延期することです。読み書きのできない農民に一〇月二五日から一一月一二日までの二〇日たらずのあいだで、農民に土地を引き渡す「土地についての布告」はボリシェビキ政権ができたからこそ実現したことを理解させることは不可能であり、当時の交通手段からみても最低一、二カ月はかかる、また首都から遠く離れたところにいる兵士たちに「平和についての布告」の意義や十月革命の意義全体を知らせるのには、そのくらいの期間が必要であるという理由によるものでした。さらにソヴェエト政権を支持するエス・エル党左派の候補者名簿を準備するのにも、そのくらいの時間を必要とする。現在ある名簿で右派が殆どを占めているという理由もありました。ボリシェビキ党の多数がこの延期論の立場をとりましたが、ソヴェエト政権はそれを拒否しました（メドベージェフ自身はこの延期論に賛成しています）。

第三は決められたとおりのことをおこなうということです。これはレーニンの立場でした。メドベージェフによればこれは、あまりにも「まっ正直」な立場であり、誤りであったとしています。

結果は第三の立場がとられ予定どおり選挙が始まり、革命による混乱のなかで三週間にわたり選挙が続き、有権者の五〇パーセントが投票し、すでに述べた結末で選挙は終わりました（ロイ・メドベージェフ『10月革命』より）。

●レーニンの「多数者革命」否定論

この結果についてレーニンは選挙後、「憲法制定議会についてのテーゼ」を書き、主として選挙結果の事実を分析しました。なぜこういう選挙結果になったかの理由について、メドベージェフが第二の選択肢として述べているような点をあげて分析し、選挙は「人民の真の意志」を反映したものになっていないこと、憲法制定議会の問題を「形式的・法律的な面から、普通のブルジョア民主主義の枠内で考察」するのは「裏切り」（全集二六巻、三九一ページ）であること、を述べています。

ところが一九一九年になって、改めて選挙結果を分析する論文「憲法制定議会の選挙とプロレタリアートの執権」を書きました。ここでレーニンは権力獲得以前に多数者を獲得することはできず、権力獲得後、国民の共感を受け多数派を獲得できるのだという立場を表明しました。そしてこの立場から、レーニンはドイツのカウツキー、イギリス、フランス、オーストリアなどの「マルクス主義の裏切者」を糾弾しています。したがってこれはロシアだけの問題ではなく、資本主義諸国に普遍的に当てはまるものと考えていたことが分かります。

●マルクス、エンゲルスの立場

これはマルクス、エンゲルスの立場と違うものでした。たしかに二人は一八四八年の『共産党宣言』で、「共産主義者は、従来のすべての社会秩序を強力的に転覆せずには彼らの目的が達成できないことを、公然と言明する」（全集四巻、五〇八ページ）と述べ、強力革命を共産主義者にとっての普遍的原則であるとしました。しかしその後、二人はこのような普遍化をせず、各国の具体的条件を検討して革命論を展開しました。マルクスはイギリス、アメリカ、オランダ、後にはフランスも多数者を獲得して、平和的に移行する可能性を指摘しましたし、エンゲルスは次のようにも論じました。

彼はマルクスの『フランスにおける階級闘争』の一八九五年版への序文で、革命を①少数者による少数者のための革命（ブルジョアジーのおこなう革命）、②少数者による多数者のための革命（パリ・コンミューン）、③多数者による多数者のための革命と三区分しています。

エンゲルスは第三の革命について、このような結論をだすにあたっては、資本主義が約五〇年前の『共産党宣言』の時代とは異なっており、何よりも労働者階級が大きく成長している全般的情勢を分析し、個別的にはドイツ、フランス、ベルギー、イタリア、スペイン、オーストリア、スイス、ブルガリア、ルーマニア等々のヨーロッパ諸国の状況を分析しています（全集二二巻収録）。

いま、日本はいうまでもなく、先進資本主義諸国では選挙をとおして目的を達成するという道はあまりにも当然なこととなっています。エンゲルスの洞察力は非常に鋭いものがあります。もちろん国によってはその国の条件にあわせて別の型の革命が今後もあることを排除するものではありませんが。

●なぜレーニンはマルクスの態度に反したか

すでにみたようにレーニンは、ロシア革命の過程で「平和的移行」の可能性が存在する場合には、それを最大限に追求する柔軟性をもっていました。それなのになぜマルクス、エンゲルスに反することを主張したのでしょうか。私の考えですが、それにはいくつもの要因があるように思います。

帝国主義戦争の結果、ヨーロッパ諸国は荒廃しており、諸国民の不満は高まっていました。ロシア革命が実際にヨーロッパ革命の序曲になりうるかもしれないと考えたかもしれません。実際ドイツ革命、ハンガリー革命が起こり、一時的でしたがロシア革命流にいうソヴェエト政権が結成されました。イギリスでもかなりの革命運動の高揚がありました。ヨーロッパが一定の革命的情勢にあったのはたしかでした。しかしこれをレーニンが過大評価したことは、後の事態が示すとおりでした。

さらにこれに絡みあう問題ですが、レーニンだけではなくボリシェビキ党の指導者は、〝ヨーロッパ革命がこないかぎりロシア革命はもちこたえられない〟という考えで当時は一致していました。レーニンは「ドイツ革命がなかったならば、われわれは滅亡するであろう……ペトログラードや、モスクワで滅亡するのでなく、ウラヂヴォストックか、あるいはわれわれが移動しなければならなくなるようなもっと遠い地方で」（「ロシア共産党（ボ）第七回大会」全集二七巻、九三ページ）と述べていました。

エンゲルスは第三の革命形態については、「宣伝と議会活動という気長な仕事」（全集二三巻、五一九ページ）が必要であると指摘しています。レーニンは国際情勢の過大評価とともに、「一国社会主義」問題で一種のあせりを感じていたかもしれないという気がします。また早く世界の共産党の国際組織であるコミンテルンが、レーニンの論文の立場を方針として決定するようにさせるねらいもあったと思います。これらの要因が絡まって、革命論をめぐってレーニンはマルクス、エンゲルスとは違った態度をとったと推測されます。

レーニンがやっとロシア一国でも社会主義の建設をすすめることができるという展望をもったのは、一九二〇年の一〇月です。レーニンはそのとき「いまわれわれはもう、単なる息継ぎについてではなく、より長期にわたる新しい建設の真剣な見通しについてかたらなければならない」（「わが国の内外情勢と党の任務」全集三一巻、四一六ページ）と、党の新しい任務を提起することができるようになりました。

●なぜ農村で多数派を形成できなかったか

先に保留した、なぜ農村でエス・エル党が圧倒的に勝ち、ボリシェビキ党が負けたのかを簡単にみておきたいと思います。

ボリシェビキ党は農民政策として土地の農民への引き渡しとともに、土地の国有化も掲げていました。国有化は農民の要求でもありました。というのはロシアの土地所有は、複雑で入り組んでいたため、農民はいっそのことならすべての土地を国有化し、農民には占有権を与えて欲しいと要求していたからです。エス・エル党も土地の「社会化」を掲げていました。問題はその先です。

エス・エル党は土地を農民に均等割りで占有させるという政策を提起していました。

レーニンは一九一七年四月に開かれた「農民代表の会議」で、「土地が『人民』の手にうつっても、なんの利益もえない」、最高の技術を応用した「大経営として運営していく問題を、ただちに審議にかけ、実際的な措置を講じなければならない」と述べ、農民一般にたいしても「小経営」は農民を「貧困から解放することができない」（全集二四巻、一五九―一六〇ページ）と訴えました。さらにレーニンはつぎのようにも書いています。

一つは、「極貧農が、自分の独自の利益を独自に審議するために、極貧農の独自の組織」をつくること。

もう一つは「農村労働者代表ソヴェトの指導のもとに、共同の家畜、共同の農具による地主の土地の共同耕作」をおこなうこと（「土地の『自分の裁量による奪取』について」全集二四巻、四八二ページ）。

これは貧農対策として提起されたものでしたが、エス・エル党は拒否していました。レーニンはエス・エル党がこの二つの政策に「賛成していない。これは、非常に残念である」（同上）と述べています。

問題は農民がこれをどう評価したかです。農民はこのボリシェビキ党の政策を支持せず、エス・エル党の政策を支持しました。ボリシェビキ党は伝統的に農民を貧農、中農、富農という三階層に分類し、貧農・農村プロレタリアートと同盟し、中農を中立化し、富農を打倒するという政策をとっていました。エス・エル党はこういう分け方をせず、農民はみな「均等」に土地を持つべきだと主張していました。土地の「共同耕作」とか、何らかの協同化政策は掲げませんでした。ボリシェビキ党は先にいきすぎているわけです。

ソヴェエト政権が樹立されたとき、レーニンは「妥協」し、エス・エル党の方針を支持することにしました。政権樹立とともに宣言された「土地についての布告」は、実はエス・エル党の綱領そのものでした。レーニンがこの「布告」を読み上げたとき会場から〝それはエス・エル党の綱領だ〟と野次が飛んだほどでした。レーニンは「布告そのものと要望書は社会革命党員（エス・エル党員のこと―引用者）がつくったものだ、という声があがっている。それならそれでよい。だれがつくったかはどうでもいいことではないか。……たとえ異議があるとしても、下層人民の決定を回避することはできない」（「労働者・兵士代表ソヴェト第二回全ロシア大会」全集二六巻、二六二ページ）と演説しています。

貧農対策であれ、農業の協同化とか農業一般の「大経営化」といった政策は、各国の歴史と諸条件を考慮しよほど慎重に検討されなければならない問題であることがよく分かります。そのうえ十月革命後、ただちに貧農も土地を受け取り中農化していました。またボリシェビキ党は都市での党建設には力を入れましたが、農村の党建設は進まず、党支部が皆無であった農村が多数ありました。こうして憲法制定議会選挙でエス・エル党は農村では勝つべくして勝ち、ボリシェビキ党は負けるべくして負けたのでした。

五、レーニンが最初に導入した社会主義的措置

ここからレーニンの社会主義経済論そのものの検討に移ります。レーニンは十月革命が勝利した一〇月二五日から三日間のあいだに書いた論文「競争をいかに組織するか？」のなかで、いまこそ「理論が実践に転化し、実践によって生気をあたえられ、実践によって修正され、実践によって点検される歴史的瞬間」（全集二六巻、四二二ページ）が到来したと述べました。そしてマルクスが「現実の運動を一歩一歩すすめるほうが、一ダースの綱領よりも重要である」（同上）と言ったことを想起し、いままさにそのときであると書いています。

レーニンは一九一七年から、病気で倒れてこれ以上仕事を続けることのできなくなった一九二三年三月までの約六年間に、大きく分けて三つの段階を闘い抜き、マルクスもエンゲルスも発見できなかった、資本主義から社会主義への過渡期の経済理論を打ち立てました。これはマルクス、エンゲルスの理論を豊かにする、新たな発展です。

これは簡単に生まれたものではなく、多くの試行錯誤と、まさに前人未到の道を「一歩一歩」掻き分けるなかで切り開いたものでした。レーニンは党がおかした誤りも、また自分個人がおか

した誤りも率直に認め、それを国民に知らせ説明しながら前へ進むという、まれな気質をもった二〇世紀の傑出した革命家・理論家でした。

そこでまず新しい過渡期の経済理論を打ち出す前の段階とは、どういうものであったのかを見ておきたいと思います。

●レーニンと「生産手段の社会化」

マルクスが社会主義・共産主義の中心点としたのは、すでにみたように「生産手段の社会化」でした。しかしレーニンがとった最初の措置はそうではありませんでした。レーニンは所有形態には手をふれずに、労働者が資本家を監督する「労働者統制」を導入しました。労働者が五人以上いる企業での生産、生産物の保管、売買を労働者が監督・統制する制度の導入です。全国的意味をもつ大きな企業では労働者が選出する代表がその仕事に従事するようにしました（全集二六巻、二七八―二七九ページ）。

なぜ生産手段の社会化をおこなわなかったのでしょうか。労働者は企業の没収、国有化を要求しました。これにたいしレーニンはやれというなら、国有化の「指令用紙に……一分間で署名してあげよう。（拍手）だが、諸君は生産を自分の手ににぎることができたか、諸君の生産するものを概算してみたか、諸君の生産とロシア市場および国際市場との結びつきを諸君は知っているか、それを聞かしてほしい」（「全ロシア中央執行委員会の会議」全集二七巻、二九九ページ）と述べています。

この言葉と重なる点がありますが、レーニンの社会化論を正確に知るために、つぎの言葉も引用したいと思います。

「正しく計算し正しく分配する能力がなくとも、『断固たる態度』だけで没収（国有化のこと―引用者）をおこなうことができるが、このような能力なしに社会化することはできない」（「〝左翼的〟な児戯と小ブルジョア性とについて」全集二七巻、三三六ページ）。

当時のロシアの圧倒的多数の労働者は、読み書きや四則の計算もできませんでした。この能力なしには、労働者が生産手段を国有化したとしても、それは単なる法的措置で、形式的なものであり、実際に自分で生産手段を管理・運営していくことはできません。そのためレーニンは、労働者がその能力を身につけるあいだは、労働者が資本家を監督する制度を導入したのです。生産手段の社会化についてのこのレーニンの態度は、実際の経験を通して生産手段の社会化とは何かを知るうえで私たちにも重要な意味をもっています。これは労働者が生産協同組合の運営を、資本家が株式会社を経営していくよりも、もっとうまくおこなっていたのを見ていたマルクス、エンゲルスにとっては想定外のことでした（「エンゲルスからオットー・フォン・ベーニクへあてた手紙」全集三七巻、三八七ページ）。

●長続きしなかった「労働者統制」

ところが「労働者統制」は長続きしませんでした。一つの理由は資本家が統制にしたがわず、サボタージュをおこなったため事実上、生産が止まってしまったことです。もう一つの理由は労働者が企業を私物化し、革命後の混沌とした状況のなかで国民や住民の要求にこたえなかったことです。これは社会全般に一層の無秩序と混乱を引き起こしました。

レーニンの著作を読んでいても、当時の無秩序ぶりを感じることができます。たとえばソヴェエト政権ができ、帝国主義戦争からロシアは抜け出し、大量の兵士が帰還してきたものの、働く場所がなく失業者の群れとなりました。帝政時代の法律は廃止されましたが、新しい法律はまだつくられていませんでした。強盗、略奪は日常的なことであり、酔っぱらい、ならず者、投機屋が横行しました。そして重要なことは労働者自身に規律がなく、無責任主義が工場内ではびこっていました。「労働者統制」が、こういう状態に油を注ぐ結果になってしまったのです。レーニンは新しい道を探らなければなりませんでした。

●無秩序との闘い

レーニンは一九一八年三月から四月にかけて論文「ソヴェト権力の当面の任務」（全集二七巻収録）を書きました。一言でいうと無秩序との闘争といえるものです。そこで提起された方針を要点的に述べるとつぎのようなものです。

（1）物資の生産と分配の最も厳格な「記帳と統制」の決定的重要性（同上、二四七ページ）。これは「記帳」し「統制」することによって、「幾千万」の人々に必要な物資の生産と分配をおこなうための「網」の目を国民のなかにつくっていくことを意味しました。

（2）国家が任命する企業長の責任制の導入。これは「単独責任制」と呼ばれるようになったものです。無責任状態を克服するため、「仕事中は」指導者の意志に「服従」（同上、二七三ページ）することによって、職場でのそれぞれの労働者の責任制を確立し、企業全体の責任は国家から任命された企業長にもたせる制度です。レーニンは「プロレタリアートの執権を――個人を通じても――実現する」（同上、二七一ページ）ものであると述べています。この「単独責任制」の導入によって労働者は生産手段の所有から完全に分離されてしまったという議論が、西ヨーロッパでも日本でも多々ありますが、それはこうした歴史的背景を無視したもので、スターリン時代のそれとは違うものです。そのことはつぎの方針をみても明確です。

（3）官僚主義との闘争。「記帳と統制」、「単独責任制」という方針を実行していくと、「繰りかえししつっこく生《は》えてくる官僚主義という雑草を根絶するために下からの統制の形態と方法とはますます多様でなければならない」（同上、二七八ページ）。

以上のような方針をレーニンは社会主義建設の「創造的な仕事」（同上、二四三ページ）であると位置づけました。

そしてその後、モスクワ、ペトログラードその他の重要地域の企業は、最高国家会議の直属下におかれ、単一の計画のもとに活動するようになりました。

なお第一番目にでてくる「記帳と統制」というのは、革命前の『国家と革命』のなかでも強調され、革命後もしばしば述べていたことです。しかしそのような「記帳と統制」の「網」の目を「幾千万」の人々のなかにつくることは不可能なことです。レーニン自身も後にこのことを言わなくなりました。

このような「無秩序」との闘争の方針は、時期的には迫りくる本格的な帝国主義諸国（日本も含む）の干渉と内戦という情勢と事実上かさなりあい、レーニンがとった社会主義建設の第二段階である「戦時共産主義」へと通じていきました。

六、レーニン自身が誤りを認めた「戦時共産主義」

第二段階である「戦時共産主義」というのは、レーニンがあらかじめそういう戦略をもっていたわけではなく、その時期が終わった一九二一年に「窮乏と荒廃と戦争によってよぎなくされた独特の『戦時共産主義』」（「食糧税について」全集三二巻、三六九ページ）と名づけたものでした。

●「戦時共産主義」とはどういうものか

ソヴェエト政権は干渉と内乱に国民総動員で闘わなければなりませんでした。そこでとられた「戦時共産主義」の経済的内容とは以下のものです。

(1) 小規模企業を含めた工業と運輸の全面的国有化。

(2) 私的商業の禁止。

(3) 農民にたいする「食糧割当徴発制」の導入。これは農民が生産した余剰生産物を全部、国家が徴発し前線の兵士と都市の住民にまわすために導入されたものです。

こうして「戦時共産主義」体制が形成されました。とくに農民にたいする穀物徴発は、余剰部分の徴発だけでなく、事実上、必要部分の徴発もおこなわれました。こうした徴発を農民自身が選んだ農民ソヴェエトにできるはずがなく、都市から労働者の「徴発部隊」が組織され、徴発に当たりました。皮肉なことにロシアの穀物地帯である南部の「徴発部隊」の指揮には、スターリンが任命されました。レーニンは任命にあたりこの地帯のあらゆるソヴェエト機関、鉄道諸組織、河川諸組織、郵便諸組織等々のすべての責任者は「同志スターリンの命令を実行する義務を負うものとする」(「ロシア南部の食糧業務指導者にイ・ヴェ・スターリンを任命」全集二七巻、四三三ページ)という命令をだしています。

この「戦時共産主義」体制は干渉戦と内戦に勝利するまでの三年間にわたって続けられました。それはまさに死に物狂いの闘いでかちとった勝利でした。しかし、とくに農民に与えた犠牲は甚大なもので、餓死者が大量にでました。各地で農民の反乱が起きました。当然のことですが、「赤」（ソヴェエト政権）にも「白」（反革命勢力）にも反乱をおこす農民もおり、それは「緑の反乱」と呼ばれました（稲子恒夫編著『ロシアの二〇世紀』——年表・資料・分析）。しかしついに一九二一年三月にペトログラードの近くにある軍港都市クロンシタットで「共産党員抜きのソヴェエトを！」という政治的スローガンのもとに、農民出身者が圧倒的多数を占める兵士の大規模な反乱が起こりました。これを機に「戦時共産主義」体制は終焉しました。

このロシアの民衆の悲劇と苦難のなかから、レーニン自身が「戦時共産主義」の誤りを認め「ネップ」と呼ばれる「新経済政策」を提起し、実践し、理論化していきました。

●ゴーリキーはどう見たか？

ロシアの文豪ゴーリキーは一九一九年夏に当時の状況のひどさを嘆き、困窮、貧苦、赤痢とコレラ、飢餓の責任は共産主義にあると述べ、レーニンを批判する手紙を直接レーニンあてに送りました。この手紙への返事のなかで、レーニンはいささか旧友ゴーリキーに腹をたてたのか、「あなたの神経では明らかに耐えきれない」でしょうと述べています。しかし打倒され、報復しようとしているロシアの反革命勢力を含む、全世界のブルジョアジーにたいし「わが国は……熱狂的な闘争の日々をおくっています。あたりまえのことです。そこで必要なのは積極的な政治家として生きるか、それとも、政治に気乗り薄……」（全集三五巻、四四六、四四九ページ）に生きるかということだといっています。

それと同時にいまソヴェエト・ロシアに「新しく建設」されつつあるものを「芸術家として観察」（同上、四四九ページ）して欲しいと述べています。この手紙とは別にゴーリキーは疲れている、病的だといい、自分がよくいく村（ゴールキ村）にきて「休息」をとるように、「きっと出かけ」（同上、四四五ページ）るようにという別便を送っています。ただレーニンはひょっとしてゴーリキーが亡命するのではないかと「恐れている」（『レーニン未公開文書』、二九五ページ）とジノビエフに伝えています。

ゴーリキーはレーニンが一九二四年に死去するとイタリアに移り住みました（二三年という説もある）。ロシアに時には戻ってくることもありましたが、最終的にはスターリンの懇願により一九三一年に帰国し、三六年にロシアで死去しました。

●レーニンが認めた誤り

レーニンが誤りとして認めたのは、この「戦時共産主義」的体制が社会主義だと考えていたことです。レーニンはドイツの「戦時経済体制」は非常によく組織され、整備され、運営されているので、その頭の部分すなわちブルジョア階級の政権を、労働者階級の政権に置き換えれば、それがそっくり社会主義になると考えていました。したがってこの「戦時経済体制」――別の言葉でいうと「国家独占資本主義」体制から社会主義へ移行するのに「どんな中間的段階もない」

（「さしせまる破局、それとどうたたかうか」全集二五巻、三八六ページ）と考えました。ところが自分が経験した「戦時共産主義」をみれば、そこから「社会主義への直接の移行を実現することなど、考えられ」ないことでした（「食糧税について」全集三二巻、三七七ページ）。ロシアでは「中間的段階」が必要であるという認識に到達したわけです。誤りというのはこの点にありました。

●マルクスならどう言うか

レーニンがマルクス、エンゲルスの「革命論」を正確に理解していなかったことは、先に触れました。それならマルクスとエンゲルスは、レーニンが国民の多数者（農民）を獲得する前に、革命を起こし、その後このような苦難をなめなければならなくなったのは、やはりレーニンの誤りだったとして非難し、ロシア革命を先に引き延ばすよう求めたでしょうか。また「熱狂的な闘争の日々」のなかで、もしついにソヴェエト・ロシアが敗北していたとしたら、それをレーニンの誤りとして非難したでしょうか。やはり少数革命で敗北したパリ・コミューンに賛辞をおくったマルクスにとって、それはなかったと思います。

マルクスもエンゲルスも、レーニンが「戦時共産主義」の経験からどのような社会主義建設の法則性を引き出すかに期待をかけたでしょう。

七、レーニンが到達した社会主義の新しい構想

レーニンは「戦時共産主義」の誤りから教訓を引き出し、一九二一年三月におこなわれたロシア共産党（ボ）第一〇回大会でネップ（新経済政策）を打ち出しました。これによってレーニンの社会主義建設の第三（そして最後の）段階が始まりました。

ネップは誰にでも分かるように、まず食糧徴発制を廃止することからはじまりました。これまでのように農民から余剰部分を全部徴発するのはやめ、余剰の一部を「現物税」（すぐ後で食糧税と呼び変えた）として国家に納入し、残りの部分は工業との自由取引に任すようにしました。レーニンは農民の生産意欲が向上するよう、「税はできるかぎり、まえもってきめ」、「国家は最小限の税しか取らない」（全集三二巻、二三九、二四〇ページ）と言明し、細部は専門機関に任せることにしました。

大会後も種々の新しい方針が打ち出されました。それらを大項目的にいうとつぎのようにまとめることができます。

（1）市場経済の導入。商業の自由。

（2）労働者一〇名以下の私企業の自由。国有企業の独立採算制（簡単にいうと「〝親方赤旗〟方式

は駄目)。国営企業のリース制の導入。

(3)銀行、運輸と大企業の国有化は堅持。

レーニンはこれらの方針を「戦時共産主義」の誤りから、ロシアを「正しい、社会主義的土台へ」(「小冊子『食糧税について』のプラン」全集三二巻、三四四ページ)乗せるものだとしました。先に見た「戦時共産主義」の時期と比べると大違いです。

●ネップと『朝日新聞』

面白いのは、大正一〇年六月五日付の『東京朝日新聞』がこのネップについて、「共産主義衰亡」という大きな見出しで報道していることです。

「信ぴょうすべき筋より発せられたるモスクワ電によれば、レーニンいわく、その共産主義は全然破産にひんしつつありと。氏は、中央執行委員会各部委員長ならびに役員にたいし、露国内に無制限に資本主義を復帰せしめ(るよう)……要求したりと」。

当時の共産主義についての一般的理解からすれば、この報道はもっともなものだったかもしれません。またこの報道はある客観面を伝えています。というのは、この新方針にたいし第一〇回大会のときも、またその後も多くの疑問や批判がボリシェビキ党員自身から出されたからです。

●市場経済と社会主義とは両立するのか

第一〇回大会でのレーニンの報告や結語を読んでいると、食糧徴発制を廃止することでは意見は完全に一致していたようです。しかし、大会代議員から農業と工業、農村と都市の自由取引を許すということは、共産主義とは違うのではないかという疑問・批判がでました。自由取引を許すということは、結局は商業の自由を許すことであり、それは商品交換を促進し、農民や小経営者を活気づかせ、そこから資本主義が復活してくるのではないか、それでいいのかという疑問です。

レーニンはこの疑問を当然のこととし、第一〇回大会の時点では農業と工業、農村と都市の「交換を地方的経済取引の範囲内でみとめる」にすぎないと述べ、この大会で自由取引の「限度はどうか、……（その―引用者）答をえようとおもう人があるとすれば、それはまちがっている」（全集三二巻、二三〇ページ）と主張しています。レーニンもいささか及び腰なのです。大会から一カ月ほどして書いた小冊子『食糧税について』でも、「限度」について「その度合をきめるのは、実践であり、経験である」（全集三二巻、三九四ページ）としました。大会ではまた都市から農村に提供できるものがないではないかという意見もでています。

第一〇回大会は党の問題としては、党内に分派を結成することを禁止した大会なので、日本でも西ヨーロッパでも、スターリン独裁体制の成立の根源はこの大会にあるとして、非常に評判の悪い大会なのですが、党内の討論は執行部にたいする批判も含めて自由な討論がおこなわれていました。

●及び腰ではないネップ

しかし大会が終わってから約半年たったとき、その間の実践を踏まえたうえで、レーニンは及び腰ではなく、確固とした立場を表明しました。それはロシアが市場経済化していく事実を認め、そのうえにたって新しい任務を提起したことです。

まずレーニンは工業製品と農業製品を交換するというやり方は、「ものにならなかった。私的市場はわれわれよりも強力であって……普通の売買、商業が生まれた」（「第七回モスクワ県党会議」全集三三巻、八四ページ）と述べました。そしてロシアは「商業と貨幣流通の国家」（同上、八八ページ）になったとし、ロシアにおける市場経済をそのものとして受け入れました。

そのうえでレーニンは大胆に「国家に卸売商業のやり方を学ばせる」（同上、八五ページ）ことが必要であるという新たな任務を提起しました。さらにプロレタリア国家が「商業的課題」を任務とすることなどはとんでもない話であり、「牢獄でわれわれは商業のやり方を学びはしなかった」といって「意気消沈」したり、「狼狽」していたのではだめであり、社会主義へいく道でわれわれ自身が私的市場に負けないよう、商売を学ばなければならない、それは「われわれの義務である」（同上、九二、九三、九五ページ）と強調しました。

ネップ導入から一年たった一九二二年の第一一回大会では商業の分野だけでなく、工業の分野でも「国有企業と資本主義企業とを競争によって点検する」(「ロシア共産党(ボ)第一一回大会」全集三三巻、二七五ページ)という道を通る必要があり、ここでも自分たちが企業の運営の能力を身につけることを学ばなければならないことを強調しています。このことをレーニンはつぎのような非常に面白い表現で再度強調しました。

「われわれとならんで、資本家も行動している。……彼らには能力がある」、労働者の側には「(労働者が――引用者)聖徒として生きながら天国にはいる値うちがあるほど、うまく書かれ」た「共産主義の原理……りっぱな理想がある」、しかし「諸君には仕事をする能力があるか?」、「中央統制委員会」や「全ロシア中央執行委員会」が点検するのではなく「国民経済の見地からの真の点検が必要である」(同上、二七六ページ)。

なおレーニンがこのネップを「共産主義」からの「後退」、「退却」、「迂回戦術」等々と述べたことから、ネップは短期のものとして考えていたとする議論があります。しかし、レーニンは病で倒れてから、今後のロシアの社会主義の発展の展望について思索をめぐらしながら、きわめて重要な意味をもつ論文「協同組合について」を一九二三年に書き(口述筆記)、そのなかでネップが成功するには「歴史的な一時代が必要である」(全集三三巻、四九〇ページ)と述べました。したがってレーニンはいろいろなことをいったのは確かですが、最後にはネップを長期のものとしてとらえるようになったというのが、正確なところであろうといえます。

このようにしてレーニンは社会主義へ移行する過程は、社会主義部門と私的資本主義部門が併存し、競争し、そして前者が優勢になることによって社会主義が打ち立てられていく点にあることを、社会主義への移行の新しい道として確立したのです。これはそれまで誰も打ち立てたことのない道です。これはいま中国、ベトナムが「市場経済を通じて社会主義へ」という路線にそって社会主義建設を進めている道です。またこれは日本における社会主義の展望を考えた場合、日本にもあてはまる道であり、普遍性をもったものといえます。

●「青写真」は描かない意味

ネップについて最後につけ加えておくと、レーニンはマルクスに「礼」を述べています。マルクスは基本的、原則的なことは明らかにしますが、その具体化については「青写真」を描くことはしませんでした。なぜならそのときになってみないと分からないことをあらかじめ描いて、自分の手も、また将来の革命家の手もしばることは、間違いだと考えたからです。このことをレーニンはつぎのように述べて、マルクスの考えの深さに感慨の念を表しています。

「マルクスは、そのときにはどんなに多くの新しい問題がおこってくるか、変革の過程で全体の事情がどう変化するか、変革の過程でそれがどんなにしばしばまたはげしくかわるかを、すばらしくよく理解していたので、変革の形態、やり方、方法について、自分の手を――また、社会主義革命の将来の活動家の手も――しばらなかったのである」(「食料税について」全集三二巻、三六二、三六四ページ)。

レーニンは一九二二年一一月にモスクワ・ソビエト総会で演説し、その最後を「ネップのロシアは社会主義のロシアになるであろう」（「モスクワ・ソヴェト総会での演説」全集第三三巻、四六二ページ）と締めくくりました。

ネップ（新経済政策）は社会主義経済論へのレーニンの最大の貢献です。

八、レーニンについての若干の問題

これまでレーニンの社会主義論のいわば大きな問題をみてきましたが、社会主義に関連して私が強い関心をもっている他の若干の問題についてみておきたいと思います。

●党と国家機関の融合の問題について

政治面についてですが、よく社会主義社会は共産党が国家権力を握り、国家より党が上にある社会であるかのようにいわれることがあります。スターリン型社会はまさにそのとおりでした。ところがレーニンもこの問題をとりあげ、党の「上層部」と国家の「上層部」が融合していることについて自己批判をしているのです。

レーニンがこの問題をとりあげたのは、一九二二年の第一一回党大会のときでした。レーニンはいまロシアでは「党とソヴェト機関（国家機関のこと—引用者）のあいだに正しくない関係がつくりだされて」いると指摘しています。なぜそうなるのか。それは国家機関の働き手である「人民委員」（大臣のこと—引用者）が細かい問題をいちいち党の政治局に持ち込んでくることにあると言っています。しかし「この点にも私の大きな責任があった」（「ロシア共産党（ボ）第一一回大会」全集三三巻、三一四ページ）と、大会代議員の前で自己批判をしています。

レーニンは国家機関の議長であると同時に党の事実上の最高責任者でした（「事実上」というのは、レーニン時代には党の委員長とか書記長とかいうポストはなく、衆目の認めるところレーニンが最高指導者であるので、自然にレーニンがそういうポストにいるかのように見なされたからです）。そのため「人民委員会議と政治局の連絡は、大部分私が自分でとってきた」ので、私が不在のときには「この二つの車はたちまちうごかなくな」る（同上）という状況がつくられてしまったと、レーニンは反省しています。そしてこれは理論問題ではなく「実践的側面」から検討しなければならない問題だと述べています。

そこでレーニンは政治局を細かい仕事から解放し、責任ある党の活動家がそれぞれ責任をもって仕事をし、一方人民委員はまずは人民委員会議におもむき、それから政治局にくるというようなことは止め、自分の活動に責任をもつようにすることを提案しています（同上）。レーニンは冒頭に述べた連立政権にみられるように、複数政党制を当然のこととして認めていました。このことを前提にしたうえのことですが、この自己批判と提案は官僚位階体制がどのようにして形成されるのかを検討するとき、非常に重要な意味をもっていると思います。

●「一国一工場」論について

私も多くの研究家と同様に、レーニンは革命前から革命後のある時期まで「一国一工場」主義者だったと思います。革命前の『国家と革命』では「社会全体が……一事務所、一工場となるであろう」(全集二五巻、五一二ページ)と述べています。革命後は一つの例ですが、レーニンは論文「食糧税について」でも、社会主義は「物資の生産と分配にあたって、数千万の人々に単一の基準を厳守させる、計画的な国家組織なしには、ありえない」(全集三二巻、三六〇ページ)と述べています。しかしそれは何のために必要なのでしょうか。社会主義とはそういう「統制」経済的なものなのでしょうか。そうでないことはマルクスの計画経済の本質について述べたところで、私は指摘しました。

実際いまの日本には一〇〇万の単位で事業所があります。人口は一億三〇〇〇万人います。これを一つの工場に見立て、あたかもそこですべての人々が働いているかのようにして、計画を作成することは絶対にできません。またそういうことを目指すこと自体誤りだと思います。

ではレーニンがなぜこういうことを何回も述べたのかといえば、人口の八〇%が小ブルジョアジーとしての農民であり、そこから自然発生的に資本主義が生まれる可能性があるので、この自然発生性を抑えることが一番の問題だと考えたことによるものです。われわれの「おもな敵」は

「小ブルジョア的な自然発生性である」（前掲論文、全集三二巻、三九〇ページ）と述べています。これでは農民が「主敵」ということになります。ロシアにおける「ナロードニキ」とマルクス主義の接点と相違というデリケートな関係の問題があるように思います。

しかしレーニンは、先ほど見たようにネップに「及び腰」でなくなり、市場経済そのものをとり入れることを表明した「モスクワ県党会議」での演説以後は、農民が「主敵」といったニュアンスをこめたことを、私が読んだかぎり最後まで述べたことはありません。ネップを一年間経験したあと開かれた第一一回大会では、「農民経済との結合」が「他のすべてのものの上に立つ任務」（「ロシア共産党（ボ）第一一回大会」全集三三巻、二七二ページ）であると述べ、農民との「結合」を強調しています。レーニンはリアリストです。

●労働組合と企業管理

この問題は社会主義では企業をどう管理するかという、現代的意味をもつ問題です。ロシアでは第一〇回党大会で、これが大問題になりました。党内に「労働者反対派」というグループが存在し、国有化を前提にしたうえで、国有企業の管理・運営権は労働組合に移すこと、産業別労働組合によってつくられる「生産者の全ロシア大会」が国民経済の管理と組織の権限をもつようにすることを要求しました。これこそが官僚主義をなくす方途であるというのが、このグループの立場でした。これにたいしレーニンは「サンディカリズム」（労働者階級の唯一の組織は労働組合であるという考え）であるとして反対しました。

しかし革命後の一九一九年の第八回大会でつくった党綱領には、「労働組合は、単一の経済的全一体としての国民経済全体の管理全体を、実際に自分の手に集中するようにならなければならない」（第八回大会、議事録。全集三一巻、二五八ページ）と明記されています。「労働者反対派」はこれを要求の大きな論拠の一つとしました。レーニンはこれにたいし、労働組合がそうする「ようにならなければならない」というところが重要であり、そのためには「労働組合が同職組合的な狭さからますます脱却」しなければならないとも綱領は述べていると強調し、現在の状況では無理であり、将来の問題であるとしました（全集三二巻、二五八ページ）。

将来は可能というレーニンの態度は、大きな意味をもっていると思います。

九、少数者革命と後進性がもつ限界とレーニン

これまで見てきたなかからも一つ大きくいえるのは、レーニンのような優れた革命家であっても客観的にいって少数者革命の場合には、どうしても限界性をともなうものであるということです。しかも遅れた国であったため、それは一層厳しいものとなったといえます。

例えば農民が人口の八〇％を占める国で、農民の多数者を獲得する以前に革命がおこなわれた

場合、農民の「自然発生性」が「主敵」に見えたり、あるいは農民との「結合」が最重要課題として現れたりします。これは矛盾です。「戦時共産主義」というのは、「主敵」の側面を前面に打ち出したものです。

工業の面でも、例えば企業運営の能力のない労働者が多数を占めるなかで、企業運営にあたって企業長の「単独責任制」導入と、このことから生まれる「官僚主義」との闘争という二つの矛盾する側面が現れます。レーニンは両面の重要性を強調しましたが、レーニン自身がいったように不可避的に官僚主義が発生し、国家から任命される企業長に企業運営の権限が集中してしまうことが起こります。それとは逆にサンディカリズムも発生します。また本来なら国家は国民多数の意見にもとづいて、国を運営していくのがあたりまえですが、多数者革命でない場合には、少数者の意見だけによって国が運営される場合も起こります。

少数者革命の場合、革命と反革命のあいだでテロの応酬という事態も生まれます。レーニンは「白衛軍的・ブルジョア的なテロルか、それとも赤色の、プロレタリア的なテロルか……中間の道や『第三』のものはないし、またありえない」（「食糧税について」全集三二巻、三八四ページ）とまで断言しました。これに私は原則的に同意することはできませんが、こういうことも起こるわけです。

これらすべては少数者革命と後進性のもつ矛盾のあらわれです。よほど優れた政治家でなければ、矛盾の悪い側面のほうに急傾斜し、それにあわせた政治的・経済的手法がとられることになります。レーニンが短命であったこともありますが、ロシア革命は民衆に「新しい息吹」をもたらしたとはいえ、これらの矛盾のなかで安定した円滑な体制をつくるまでにはいきませんでした。このことは客観的事実として見ておく必要のあることです。

●レーニン論のおわりにあたって

レーニンの夫人・クループスカヤは『レーニンの思い出』の一番最後のところで、レーニンは「大胆で勇敢」だったと書いています。レーニンは自分自身の生涯をふりかえるかのようにして、わずか三ページほどでロシア革命を概括した論文「わが革命について」を最晩年に書きました。この論文については、この章の冒頭ですでに触れたところですが、本章のおわりにあたりもう一度くりかえしておきたいと思います。

レーニンは誰よりもよくロシアが遅れた国であることを自覚し、野蛮な国とさえ別の論文で述べていました。ロシアの地図を開いてみよう、ロシアは実に広大な国であり「何十という大きな文化国家がおさまることもできるほど」のはてしない国である。しかし、そこにあるのは「家父長制や半ば野蛮な状態」であり、「まったく本物の野蛮が君臨して」おり、村は「鉄道から、すなわち、文化、資本主義、大工業、大都市との物質的な結びつきから、切りはな」されていると言いました(「食糧税について」全集三二巻、三七七—三七八ページ)。

しかし、レーニンは「わが革命について」のなかで、ナポレオンは「まず重大な戦闘にはいるべきで、しかるのちどうなるかわかる」と言ったと書いています。われわれは一九一七年一〇月に「重大な戦闘」をおこなった。そうしたらそのあとにネップのような「発展の細目」があることが分かった。世界史の発展の見地にたてばネップが「細目」であることはいうまでもない。いまこの「細目」でも、われわれが勝利をおさめつつあることは「疑う余地がない」と述べ、ボリシェビキ党と自分が一〇月の「重大な戦闘」にはいったことは正しかったとして、大きな世界史の発展のなかにロシア革命をおきながら、自分が歩んだ道は間違ってはいなかったと思うと、大きな感慨をもってふりかえっています（「わが革命について」全集三三巻、四九六―五〇〇ページ）。

レーニンは「社会主義者」を名乗りながら十月革命を冷笑した人々にたいし、死が近づいている最後に、ナポレオンのいう勇気をもって戦ったことがなぜ悪いのか、という思いを一度は晴らしておきたかったように思えてなりません。私はここに「大胆」さと「勇気」とともに、レーニンの人間味を強く感じます。

レーニンは一九二四年一月二一日、五三歳で死去しました。彼の柩はモスクワの労働組合会館に四日間、安置され、九〇万人の労働者、農民、兵士、一般住民がレーニンに最後の別れを告げました。

レーニンのネップは一九二二年末にはその効果を発揮し、荒廃しきっていたロシア経済は、レーニン亡きあとの一九二六、二七年頃には工業の面でも農業の面でも、ロシアの資本主義が一番発展した一九一三年の水準を凌駕したことを最後に指摘しておきます。

第3章

「20世紀の社会主義」とは何だったのか

二〇世紀は帝国主義の植民地支配が崩壊した世紀であるとともに、「資本主義と社会主義の対抗する世紀」であったことは厳然たる事実です。一九一七年のロシア十月革命に続いて、社会主義は第二次世界大戦後、チェコスロバキア、ハンガリー、ユーゴスラビアなど東欧諸国に広がり、アジアでは中国、ベトナムなどに拡大し、さらに一九五九年のキューバ革命の成功によりラテンアメリカへも広がっていきました。こうして二〇世紀に社会主義は世界で十数カ国に広がり、世界の人口の三分の一を占めるにいたりました。ソ連・東欧諸国が二〇世紀の終わりまであと一〇年ほどを残すところで崩壊したとはいえ、この世紀は人類が社会主義へ移行することが可能であることを示した世紀として人類史に記録されるものです。

この記録には世界の民衆の喜びと苦悩、希望と幻滅、勇気と絶望も織りなされているでしょう。しかし「二〇世紀の社会主義」は「歴史としての社会主義」として終わるものではありません。今日の中国、ベトナム、キューバにおける社会主義建設に引き継がれ、また社会主義の思想がいまラテンアメリカの現実政治の問題となっていることは、すでに述べたところです。二〇世紀はマルクスが事実をもって自己を「弁明」できる世紀であったといえるでしょう。

それではこの世界史の流れのなかで、なぜソ連は崩壊したのでしょうか。これをもって社会主義の崩壊といえるのかどうか。このことを「二〇世紀の社会主義」とは何だったのかの主題として検討したいと思います。

この問題はもう古いという意見もあるでしょうが、国民の圧倒的多数は〝ソ連は社会主義国であった、したがってソ連の崩壊は社会主義の崩壊である〟と考えています。これはいわば「常識」となっています。このことを無視して論を進めるのは、まさに独断です。私はこの章を「常識」にたいする挑戦から始めようと思います。私はそれをソ連が崩壊してから出てきた暴露文書から始めようとは思いません。宮本百合子とフランスの文豪アンドレ・ジイドから始めます。

一、宮本百合子とアンドレ・ジイドのソ連論

私は文学を論ずる資格はまったくありませんが、ソ連論から宮本百合子とアンドレ・ジイドを見てみたいと思います。

●百合子のソ連論

宮本百合子は一九二七年から一九三〇年までソ連に滞在し、そこで体験したことをもとに、有名な三部作『道標』を書きました。百合子は滞在中、ソ連社会で何かの機会に出会う「おしつけがましさ」や「官僚主義」を感ずる敏感さをもっていましたが、十月革命後のソ連の女性が生きいきとして働き学ぶ姿やソ連社会の実生活のなかで、「日本の社会や家というものの重圧」から解放され、成長していきたいと願う自分（『道標』では伸子ですが）にとって「驚くばかりの新鮮さ」

を感じます。滞在中の一時期に西ヨーロッパ諸国を訪問し、そこからもソ連を観察しますが、やはり「旧世界」と比較したソ連の「新鮮さ」を感じとります。そして山上元という日本人（おそらく片山潜のこと）からモスクワに残って仕事をするよう勧誘をうけますが、この「新鮮さ」を日本で実現することが自分にとってもっとも大切なことであると考え、日本に帰国する決意をするところで『道標』は終わります。百合子が日本共産党に入党したのは、帰国後の一九三一年ですから、いわば「党派的」にソ連をみるのではなく、作家の純粋な目でソ連を観察したと思います。

しかし『道標』には今からいえば、事実と違うところがあるのもたしかです。スターリンが一九二九年末から始めた農業集団化のなかで行政的、強制的方法さらには暴力的措置がとられたことにたいし、スターリンは突如ソ連共産党の『プラウダ』紙に論文「成功による幻惑」（一九三〇年三月二日）を発表し、あれは下部組織と個々の党員が「成功」によって「幻惑」されてやったことで指導部の方針ではないとし、責任を全て下部に押しつけました。百合子は論文を熱心に読み指導部への「信頼とよろこびを感じ」ています。しかしこの論文が誤りであったことをソ連当局が初めて公式に認めたのは、フルシチョフ時代の一九六二年に出版された『ソ連共産党史』によってでした。このように事実そのものが隠されていたので、百合子の誤認を百合子の責任にすることはできません。

●ジイドのソ連論

『狭き門』を書いたフランスの文豪アンドレ・ジイドは、一九三六年に危篤状態に陥ったゴーリキーを見舞うためにモスクワを訪れました。百合子より六年遅れての訪ソです。到着した翌日にゴーリキーは死去し、ジイドは「赤の広場」でおこなわれた葬儀で追悼演説をおこないました。葬儀にはスターリンも参列していました。ジイドは追悼演説の冒頭で「旧世界」では文化は一部の人々の「占有物」であったが、ロシア十月革命は文化を「民衆」のものにした、これは「ソ連の誇りうる大きな名誉」だと述べています。百合子と同じように十月革命の「新鮮さ」をジイドも感じています。

ジイドはゴーリキーについて、一昨日はツァーリの圧政のもとでロシア民衆の声を代弁し、昨日は「悲劇的闘争（内戦のことと思う――筆者）を身をもって体験」し、そして今日は「平和の輝かしい勝利」に協力しようとしている、まさに「歴史の人」だと称賛し、その人の死はロシア民衆の悲しみだけではなく、「フランス文学」の悲しみ、「ヨーロッパ文化」と「世界文化」の悲しみであると、感動的な言葉で追悼の念を締めくくっています（小松清訳『ソヴェト旅行記』）。

この葬儀のあとジイドは二カ月ほどソ連に滞在し、工場やコルホーズなどを訪問し、帰国後『ソヴェト旅行記』を発表しました。しかしそれは追悼演説とは違い、極めてシビアーなソ連論でした。一九三六年とは翌年にピークを迎えるスターリンの大量弾圧がどんどんと進められていた年です。この大量弾圧について外国人に（ソ連人にも）、どれだけのことが知らされていたかは知りませんが、ジイドは『旅行記』のなかで現状に「満足の意を表明しないものが、トロツキスト と見なされ」てやられていると述べています。

さらにジイドはソ連は「重大な誤謬」をおかしているとして、ソ連社会のなかに人間の「画一化」と「非個性化」を見ています。これは市民がほぼ画一化された服装をしていることから読み取ります。作家の「臭覚」です。ジイドは「だから、一人のロシア人と話していても、まるでロシア人全体と話しているような気がする」と述べ、一種の恐怖感をもちます。また商店にできる「行列」をもう一つ特徴的なことと指摘しています。またソチやセバストポリの保養地を訪問したとき、そこで建設されているホテルや「休息の家」のすばらしさを高く評価すると同時に、それらを建設している労働者の貧しい姿や、そこに食糧を供給する近在の集団農場の組合員の生活状態を見て、ソ連に賃金の「不平等」が存在することには「抗議」はしないが、同じ国民のあいだに「階級」というか、「一種の貴族層といったような社会層」がつくられつつあるのではないかという危惧を表明しています。

ジイドが三〇年代に直観したソ連社会のこれらの特徴は、「特権官僚層」の形成を含めソ連崩壊まで続きました。ジイドの『旅行記』はフランスでたちまち大ベストセラーになり、世界各国でも翻訳されました。ジイドにたいし「左翼陣営」から猛烈な批判が起こったのは当然です。『プラウダ』はジイドは「トロツキスト」であり、「頽廃的ブルジョア・インテリゲンチャ」であるという、得意のレッテル貼りをおこないました。百合子は『プラウダ』のようなレッテル貼りには同調せず、ジイドへの良心的理解に努めようとしますが、「ファシストの陣営から拍手をもって迎えられる」マイナスだけが残るのではないかという評論を、一九三七年に書いていますす(『宮本百合子全集』第一二巻)。

二、スターリンはネップにどういう態度をとったか

百合子とジイドの間にソ連社会の認識について差があることがわかります。六年のあいだに何があったのでしょうか。農業の強制的集団化や大量弾圧があったことには触れましたが、そもそもスターリンがネップにたいしどういう態度をとったかという問題があります。スターリンは本来的にいえばレーニンが進めたネップを継続しなければならなかったはずでした。

スターリンはレーニン死後、初めのうちはネップの路線を一応はまもっていました。それは彼が農民問題を真に重視していたからではありません。レーニンが死去した一九二四年に、スターリンは「レーニン主義の基礎」と題して講演をしていますが、そのなかでロシア革命の要はプロレタリアートの権力問題であり、人口の八〇%をしめる農民の問題は「派生的な問題である」と述べています(『レーニン主義の諸問題』)。

ではなぜネップ路線を一応はまもったのでしょうか。レーニンが死去するとすぐに、レーニン

が非常に危惧していたように、スターリンとトロツキーの間に激しい権力闘争が起こりました。両者の間には党内民主主義の問題などさまざまな問題で亀裂がありましたが、国の建設上の基本路線では、トロツキー派は農民を搾取しながら超工業化を進めることを主張しました。こういう路線をとりながら西欧革命がくるまで、ロシアをもちこたえさせなければロシアは破滅するというのが、その考えでした。これに猛烈に反対し、ネップの路線を堅持することを主張したのは、レーニンが党の「寵児」と呼んだブハーリンでした。スターリンはブハーリンに味方し、両派の鋭い対立が起こりました。この対立は一九二六年、二七年頃にはトロツキー派の完全な敗北によって終わりました。なぜスターリンが勝ったかは長い複雑な過程がありますので省略せざるをえません。

スターリンは一九二七年一一月にトロツキーたちを党から除名することに成功すると、直ちに一二月に第一五回全ソ共産党大会を開催し、今度は打って変わってトロツキー派の路線を採用しました。大会は工業と商業の分野での私的資本の放逐（全工業企業の国有化）、重工業化優先路線（先進国に〝追いつけ追い越せ〟路線）、一〇～一五年間で農業を集団化することを決定しました。大会が終わると当時農民が穀物の値上がりを待ち、売り惜しみをしていたのにたいし、「戦時共産主義」的方法で強制的穀物調達をおこなうことを決定し、党幹部を地方に派遣し、スターリン自身もウラル、シベリア地方に赴き、強制調達の指揮をとりました。この強制調達は一九二八年にもおこなわれました。当然「ネップ堅持派切り」が始まりました。

スターリンは今度はブハーリンを非難しながら、ネップ自身については「ある程度の商業の自由」を認めるだけのものであると主張しました。そしてそれは「市場における統制者としての国家の役割を保障」したうえでのことであり、「市場において価格が上下しうるというものではない」と述べています（前掲書）。これがスターリンの「ネップ」論です。スターリンがネップは終わったと宣言したのは、ソ連に社会主義が建設されたとする「スターリン憲法」が出来た一九三六年ですが、実際には、スターリンにはネップなど頭にありませんでした。

●なぜ農業の暴力的集団化か

一九二九年にも穀物の強制調達がおこなわれました。しかしここで大きな転換がおこりました。一九二九年一二月、スターリンは毎年、強制調達を繰り返すより、農民を国家の手中に握ってしまったほうがいいと考え、農業の強制的全面的集団化を決定し、しかも富農を「階級として絶滅」することを掲げ、実際に富農の肉体的絶滅（銃殺やシベリア送り）を目指しました。富農と中農の区別もはっきりしませんでした。ここでネップは完全に打ち切られました。レーニン死後わずか五年のことです。

この集団化は農民の激しい抵抗にぶつかり、血で血をあらうような事態が農村でおこりました。集団化は三、四年間で完了しました。農民の犠牲者は数百万人――一〇〇〇万人という説もあります――にのぼりました。百合子とジイドのソ連論の違いは、ネップの放棄と暴力的集団化、大量弾圧によるソ連社会の変貌によるものでした。

このようにして農民を搾取し、労働者の消費生活も極度に抑え、国民を抑え込みながら超工業化路線をすすめた結果、ソ連には国家による――実際は党が国家の上に立っていましたので党による、上からの強力な専制支配体制、極度に中央集権化された位階体制が出来あがってしまいました（チェルノブイリ原発事故が起きたときモスクワからまだ指示がないという理由で、現場の指導者はしばらく手をうたなかったことにも、この体制の姿がよく現れています）。このような社会を社会主義だとは断じて言えません。ルソーの人権思想を受け継いで生まれた社会主義とは全く無縁です。私は一九二九年からソ連は社会主義の軌道から転落し、党と国家による「専制政治社会」に変質したと考えています。

三、スターリンの残酷さについて

この政治体制がどれほどの恐怖政治体制であったかを示す実例を、工業と農業の面でひとつずつあげておきます。スターリンは大衆の創造性を発揮させる問題は一つには、「無断欠勤者とプロレタリア的労働規律の違反者にたいする――社会主義的競争の方法による――闘争」を通じて実現されていると述べました（前掲書）。

ところがスターリン時代に工場に遅刻あるいは早退をすると、一五〜一六歳の少年すら裁判にかけられ罰せられました（ロイ・メドベージェフ『共産主義とは何か』下巻）。成人の場合は二〇分遅れると、その日から帰らざる人——強制労働収容所送りになったそうです（D・V・ボルカゴーノフ『七人の指導者』）。ちなみにエンゲルスは『イギリスにおける労働者階級の状態』のなかで、労働者は五時半には工場にきていなければならず、「二、三分でも遅刻すれば罰せられ、一〇分も遅刻すると、朝食のすむまでまったく工場に入れてもらえず、また一日の賃金の四分の一を失う（彼は一二時間のうち二時間半しか仕事を休まなかったのに）」（全集二巻、四一〇ページ）と述べています。おそらく八時頃、朝食の時間があったのでしょう。私は工場内で朝食が出、それを食べ終わるまで待たされるのかなと思っていましたが、広松渉氏によれば、「朝食のため自宅にいっぺん帰る」のだそうです（『マルクスと歴史の現実』）。遅刻者はそれから工場に入るわけです。

マルクスはこのことに特別の注意をはらい、『資本論』のなかでこれは「奴隷使役者のむちに代わ」る「罰金と減給」の制度だと述べ、資本家が労働者を工場に縛りつける残酷な制度だとして告発し、注記のなかでエンゲルスのこの部分を全文引用しています（全集二三巻a、五五五—五五六ページ）。スターリンは遅刻をすると罰金を払わせるどころか、ただちに強制労働収容所に送りこんでしまったのです！　イギリスの無慈悲な資本家より、はるかに無慈悲です。

農業面では一九三二年にスターリンが自分自身でつくった通称「三本の麦の穂法」とよばれる法律があります。それによるとコルホーズ農民が飢えをしのぐため、落ち穂を二、三本拾うと厳罰に処せられ、もう家に帰らざる人になっていきました。一九三二年から一九三三年までの一年間で一二万五〇〇〇人以上がこの法律によって処罰されたとのことです（稲子恒夫編著『ロシアの20世紀―年表・資料・分析』）。

スターリンにルソーの人権思想から始まる、社会主義思想があったとは露ほども感じません。彼は社会主義思想とは別の思想の持ち主でした。

四、スターリンの「政治信条」とは何か

それではスターリンの「思想」あるいは「政治信条」とは何だったのでしょうか。どのような思想がこういう、社会主義とはまったく無縁な恐怖政治を生み出したのでしょうか。この問題の解明は「二〇世紀の社会主義」とは何だったのかを語る場合、避けることのできない問題です。ソ連を「突然変異」の社会主義などと規定するロシアの学者がいますが、それでは何の説明にもなりません。また問題は農業の強制的集団化がマルクス、エンゲルス、レーニンの原則からの逸脱であったとか、農民を犠牲にする超工業化路線をとったことが誤りであったとかという、路線・政策上の誤りを云々しても、スターリンの蛮行の説明にはなりません。問題は誤りの底にある思想です。

この問題については確定した見解があるわけではありません。私はさまざまな書物を読みながら、また私の体験したことを思い出しながら、私の頭のなかに描かれることを述べたいと思います。

スターリンの前に突きつけられた問題は、レーニンのときと同じように「野蛮」なロシアの後進性でした。ネップのおかげで都市における工業は発展したものの、西ヨーロッパ先進諸国とは比べものにはならず、農業も活気を呈してきたものの都市を囲むのは農民の大海であったことも同じでした。私は先に「少数者革命と後進性がもつ限界」として、レーニンにも矛盾する二つの側面があり、レーニンだからこそ誤りに気づけばすぐ直す誠実さがあり、難関を乗り切れたが、そういう政治家でなければ矛盾の悪い面だけを突出させ、重大な事態を招く危険性が客観的に存在すると述べました。

こういう状況のもとでスターリンには二つの問題があったと思います。誰でもが気づく共通の、第一点はレーニンが指摘したスターリンの「粗暴」さという、指導者としての資格にかかわる問題です（全集三六巻、七〇四―七〇五ページ）。

第二はスターリンの「政治信条」の問題です。私はさきほどスターリンの蛮行は、社会主義とは「別の思想」によるものだと書きました。私は彼にとっては「社会主義」とか「マルクス・レーニン主義」といったものは、中身のともなわない単なる「スローガン」でしかなく、彼を律する思想でも、政治信条でもなかったと思います。

結論的にいうと「大ロシア民族の大国主義」が、スターリンの中心的な「思想」であったと思います。強いロシア民族主義にささえられる強国ロシアをつくるというのが、彼の唯一身についた思想、政治信条であったと思います。

●ロシア民族の謳歌

いろいろな理屈抜きで、私はこのことをよく示す論証の一つとして、スターリンが独ソ戦勝利の記念レセプションで（一九四五年五月二四日、クレムリンで開催）、ロシア民族を謳歌するつぎのような乾杯の挨拶をしたことをあげたいと思います。全文引用しても短いものですし、何の解説も必要がないので全部を引かせてもらいます。

「同志諸君。もう一度最後の乾杯をすることをお許し願いたい。

私はわれわれソ連人民の、何よりもまずロシア民族の健康のために乾杯したいと思う（嵐のような、長く続く拍手、ウラーの叫び声）。

私は何よりもまずロシア民族の健康のために飲む、何故ならそれはソ連邦を構成する全ての、われわれの民族のなかで、もっとも優れた民族であるからである。

私はロシア民族の健康のために乾杯する、何故ならそれは今回の戦争でわが国の全ての民族のなかで、ソ連邦の指導的勢力として全般的承認を受けたからである。

私はロシア民族の健康のため乾杯する、何故ならそれは――指導的民族であるだけではなく、この民族には明晰な頭脳、断固たる性格と忍耐力があるからである。

われわれの政府には少なくない誤りがあったし、われわれには一九四一年～四二年にかけて、絶望的情勢の時期があった。そのときわが軍は後退し、ウクライナ、ベラルーシ、モルダビア、レニングラード州、バルチック沿岸諸国、カレリ・フィンスキー共和国の、われわれにとって血のつながった村や都市を離れた、他の出口がなかったので離れた。別の民族なら次のように言うことができたであろう。あなた方はわれわれの期待にそわなかった、出ていってください、われわれはドイツとの講和を結び、われわれに平穏を保証する別の政府をつくります。しかしロシア民族はこの道を進まなかった。何故ならばこの民族は自分の政府の政策の正しさを信じ、自己犠牲の道を進んだからである。ロシア民族のソ連政府へのこの信頼は、人類の敵――ファシズムにたいする歴史的勝利を保障する決定的力となった。

この信頼、有り難う、ロシア民族よ！

ロシア民族の健康のために！（嵐のような、鳴りやまぬ喝采）」（『スターリン全集』一五巻、スタンフォード大学版）。

社会主義ソ連をまもったなどという言葉は一言もありません。私が何か解説する必要は全くないと思います。対日戦争勝利の日（一九四五年九月三日）に「人民への呼びかけ」をおこない、帝政ロシア時代の日露戦争でのロシアの敗北の仇討ちができたと述べたことは、あまりにも有名なので引用しません。工業化を進めるうえでも同じ思想を語ったことを要約的に引用します。

●「一国社会主義」建設と大国主義

一九二九年に超工業化路線に踏み切るとき、拙著『21世紀と社会主義』のなかで一度指摘したことがありますが、大要つぎのような強烈な「大ロシア民族主義」をあらわにしました。

工業化のテンポをおさえることは、立ちおくれることを意味する。そして立ちおくれた者はうちまかされる。旧ロシアは蒙古の汗、トルコの豪族、スエーデンの封建領主、ポーランド＝リトアニアの地主、イギリス＝フランスの資本家、日本の貴族によってうちまかされた。それはロシアの軍事上、文化上、国政上、工業上、農業上の立ちおくれのためである。われわれは先進諸国に五〇年から一〇〇年立ちおくれている。この距離をわれわれは一〇年で走りすぎなければならない。これをなしとげるか、つぶされるか、どちらかである（スターリン全集一三巻収録）。

ここにスターリンの心の底が吐露されていると思います。私が体験したことから一言つけくわえるならば、一般のロシア人でも共通して強烈な「大ロシア民族主義」をもっています。この意識を煽《あお》りたて強国ロシアをつくる——これがスターリンの真の思想、真の政治信条であったと思います。この「大ロシア民族主義」は対外政策にあらわれるだけではなく、多民族国家の国内政策にもあらわれる点が重要です。

ソ連崩壊後スターリンその他の指導者の誤りを暴露した書物が、ロシアで溢れるほどでましたが、私の読んだかぎりではスターリンとその後のソ連指導部の「大ロシア民族の大国主義」があかした誤りを本格的に暴き、分析したものは読んだことがありません。逆にいまのロシアでまたスターリンの賛美や再評価がおこなわれています。

●E・H・カーの考え

レーニン死後、スターリンはトロツキーとの「一国社会主義」論争で、ロシア一国でも社会主義を建設することが可能であるとして、西欧革命に期待するトロツキーに勝ちました。このこと自体はスターリンのほうが正しかったといえます。しかし私には、これにはいま述べたスターリンの思想と結びついた経過があるように思われます。レーニンがロシアでの「一国社会主義」建設が可能であるとの展望に立ったのは、すでに述べたように一九二〇年一一月からです。それまでレーニン、トロツキー、ブハーリンなどボリシェビキ指導部はみな、世界革命、すくなくとも西欧の革命が来ないかぎり、ロシア一国での社会主義建設は不可能であると考えていました。

ところがソ連問題の研究で秀でているイギリスのE・H・カーによれば、スターリンはすでに一九一八年一月に「西欧に革命運動はない」と主張した唯一の中央委員でした（『ロシア革命』

二〇〇〇年版)。カーは「スターリンを深く動かした唯一の政治信条」は「ロシア・ナショナリズム」であり、その点からみて「一国社会主義」論は「彼に全く似合いのものであった」(同上)と述べています。

カーのような研究家が「ロシア・ナショナリズム」——私の言葉では「大ロシア民族の大国主義」——がスターリンの唯一の政治信条であったと述べていることに、私はいささか気を強くしています。トロツキーとの論争のなかでもスターリンの本意は、社会主義建設ではなく、「強国ロシア」の建設であったことはほぼ間違のないところだと思います。スターリンはそれを「一国社会主義建設」可能論という「社会主義的」スローガンで正当化したといえます。

こういう思想とスターリンの「粗暴」さという二つの要因が結合したとき、あの恐怖政治がおこなわれたといえます。なお広く知られていることですので中身は割愛しますが、レーニンが晩年におこなった最後の闘争の一つがスターリンの「大ロシア民族主義」の誤りとの闘争でした。

五、「脱スターリン化」はなぜ成功しなかったか

「二〇世紀の社会主義」といえば、スターリン死去後のいわゆる「脱スターリン化」のことにも触れておく必要性があります。スターリン死後(一九五三年)に、フルシチョフのスターリン批

判（一九五六年）があり、よくいわれる「脱スターリン化」の段階に入りました。しかしその間にたしかに部分的な改革の試みがありましたが成功しませんでした。もっとも大きな改革としてはゴルバチョフの「ペレストロイカ」がありましたが、これも成功せず、ついにソ連は崩壊しました。なぜ「ペレストロイカ」も成功しなかったのか、その真の理由がどこにあったのかをみておくことにします。それは党という問題と深くかかわっています。

●ゴルバチョフと「党官僚制度」

スターリンがつくった官僚専制体制は党を国家の上に置く「党官僚制度」でした。これは非常に強固なものでした。ソ連共産党中央委員会の建物は拳銃をもった兵士に守られていました。国家機関は警察官でした。なによりも改革しなければならなかったのは、こういう党の体制と体質でした。改革が成功しなかったのは、そこに抜本的な手をつけようとしなかったためです（フルシチョフはそれを試み見事に電撃的に解任されました）。

「ペレストロイカ」の旗手として登場したゴルバチョフも、この体制のなかで育った人物でした。たしかにゴルバチョフは「公開制」や「複数政党制」を認めるなど、かつてソ連でなかった大規模な改革を実行しました。これは事実として認めなければなりません。しかし彼も体制の子であるという点を見落とすとゴルバチョフは〝焦りすぎて失敗した〟とか、〝改革路線がいまいち明確でなかった〟とか〝エリツィンとの権力闘争に負けた〟等々ということになります。

彼が本格的「改革者」ではなく、やはり党官僚以外のなにものでもなかったことは「ペレストロイカ」の二年目、一九八七年の十月革命七〇周年記念報告のなかではっきりと示されました。

この報告はさきほど見た、三〇年代半ばにソ連で社会主義が建設されたという、スターリンの宣言をどうみるのか、当時の状況をどう語るのかなどについて、内外の注目を浴びていたものです。しかしゴルバチョフは三〇年代半ばにソ連では社会主義建設が完了したとし、これは世界最初の社会主義建設として「歴史的規模と歴史的意義をもつ偉業」であると述べました。農業の集団化さえ若干の逸脱があったものの「結局は原則的な意義をもつ転換点」であったとしました。

当時この報告は、ゴルバチョフが保守派とのバランスを考えてつくらざるをえなかったからだという論評がかなりありました。しかし真実はそうではありませんでした。

記念報告案が政治局会議で検討されたときの模様が今日では明らかになっています。当然、報告のなかでスターリンをどう扱うかが議論になりました。スターリン全体をどう扱うか、また個別的に独ソ戦のときのことをどう扱うかといった問題もでたようです。そのときゴルバチョフ自身がつぎのように発言しました。

「……レーニン死後の二〇年代および三〇年代を区別するという考えが生まれない間は、報告は出来上がらない。この時期にスターリンの大きな、巨大な貢献が明らかになった。その当時スターリンは自分の職務をわきまえていた。それは明らかに、わが国がどこへいくかという問題が決まった、決定的段階であった」（D・A・ボルカゴーノフ『七人の指導者』第二巻）。

報告は保守派との妥協でできたのではなく、ゴルバチョフ自身の信念だったのです。だからこそ彼はソ連共産党のトップの座を占めることができたわけです。スターリンとのしがらみはそれほど強いものがあったことをみておく必要があります。

●党はどこまで経済を管理していたか

「脱スターリン化」が党の問題と結びついて成功しなかった、もう一つの例をあげることができます。それは党が国全体の経済の管理をいかに強く自分の手に集中し、それを放さなかったかということです。経済改革を阻んだ大きな理由の一つがここにありました。

ゴルバチョフが書記長になった初めのころでしたが、つぎのような問題さえ党政治局が決定していました。アットランダムに政治局の決定を拾ってみると、一九八五年八月一日の政治局会議では、「野菜ジュースとパンの酵母の小売り価格について」が決定されています。野菜ジュースの小売り価格の問題ですら、二〇名程度で構成される、党政治局が決定するというのは、官僚主義もここまできていたのかと思う、全くの驚きです。これでは各企業や労働者の自発性など何もでてこず、経済発展の内的動機を完全に喪失させ、二〇世紀が「資本主義と社会主義の対抗の世紀」といわれながら、経済的に「社会主義」が衰退し敗北した原因がよくわかります。

「春蒔きの準備とその進行について」の決定（一九八五年四月一一日）、「ゴーリキー自動車工場の技術再編について」の決定、「パンの消費規制の強化について」の決定（それぞれ一九八五年五月六日）等々、経済問題が相当な部分を占める、実に四一一二の政治局決定（前年の九・三％増）が、八五年度中に採択されています（同上）。

日本でこのようなことが起こったらどういうことになるでしょうか！　国民生活のなかに上からの監督が網の目のようにはりめぐらされた、身の毛がよだつような体制です。これがソ連の計画経済の実態でした。これは計画経済ではなく、正真正銘の「統制経済」です。

六、ソ連でなぜ市場経済が導入されなかったか

章をあらためて指摘しておきますが、なぜソ連に市場経済が導入されなかったかという問題も党の問題と深く結びついていました。ソ連では中国よりもずっと以前から市場経済を導入することが問題になりさまざまな論争がおこなわれました。しかし実現されませんでした。

●ソ連の指導者が語る理由

その理由を述べている、ある旧ソ連の指導者の言葉を紹介します。これが全ての理由とは思いませんが、非常に参考になる説明です。

モスクワ大学のユー・オリセビッチ教授とアメリカのヒューストン大学のペ・グレゴリ教授が

出した『計画体制の回顧』（モスクワ）という本があります。そのなかでオリセビッチ教授がコスイギン首相時代から経済関係の副大臣、後に大臣をつとめた人物に単刀直入にその疑問を投げかけています。本人の希望でＮ・Ｎというイニシャルだけの匿名で登場していますが、次のように答えています。

教授が指導者に「決断力」が不足していたからかと質問したのにたいし、Ｎ・Ｎは、「決断力」が不足していたということはない、フルシチョフのスターリン批判、ベルリンとキューバでおこなった行為、ブレジネフのチェコスロバキアとアフガニスタンでおこなった行為をみれば、「決断力」がなかったとはいえないと答えています。

それではなぜか。Ｎ・Ｎは以下のように答えています。

彼らには大前提がある。「党の指導的役割のもとでの集中体制――それが社会主義である」という前提だ。ここから彼らは次のように考えていた。

第一は、経済の集中があってこそ、党が経済そして社会全体をコントロールできる。集中性を失えば党は権力を失う。

第二は、集中によってこそ軍産複合体のためにソ連の資源を「動員」し、経済面でアメリカより遅れたとはいえ、アメリカとの軍事均衡を保つことができた。

第三に、集中によってこそソ連の人的資源を「動員」し、大規模事業をおこなえた。

第四に、ソ連中央に経済・金融を集中することによって、モスクワは各共和国をコントロールすることができた。

第五に、集中こそがワルシャワ条約機構の参加諸国を引き止める力になった。ハンガリー、ポーランド、チェコスロバキアで改革がおこると、「非集中」の傾向がいつも出てきたが、力の行使によって抑えることができた。

●経済活動は組織活動という考え

N・Nはまた次のようにも言っています。六〇年代中頃に若干の経済改革をおこなったコスイギン首相を除いて、ソ連の指導者は経済的課題を「組織力」で解決しようとした。経済的カテゴリーを深く考えてみようともしなかった。ゴスプラン(国家計画委員会)は四〇年間、経済からほど遠い、典型的な技術者、組織者が議長になった。一九九〇年までに、それぞれの議長のもとに一一人～一五人の副議長がいた。経済のわかる人は二人しかいなかった。党中央委員会の機関も同じであった。したがって計画は物量的指標だけを示し、その遂行を指令、通達によってせまることになった。

オリセビッチ教授は、同じ本のなかでコスイギン首相とともに改革案を作成した、ゴスプランの副議長ア・ベ・バチューリンにもインタビューをしています。そこでなぜコスイギン「改革」が進まなかったのかに絞って質問しています。バチューリンの答えも明快です。——経済活動を組織活動と心得ている指導者が上にも下にもいた。また企業が自主性をもつなら、党のコントロールはきかなくなるので、各級の党機関が中心になって意識的に「改革」路線を妨害した。初めは「コスイギン改革」に賛成していたブレジネフも、ソ連が軍事面でアメリカに遅れをとることを、「パニック」に陥ったかのように恐れ、企業に必要なファンドを軍拡にまわしてしまった。

――

以上のような旧ソ連の指導者の説明で、なぜソ連で市場経済が導入されなかったかの、大きな理由の一つが分かります。スターリンが作りあげた党を中心とした統治体制が崩壊することを、そのなかで育った官僚が心底から恐れたからにほかならない、といえます。

このようにしてソ連に限定していえば「二〇世紀の社会主義」は、全く活力を失い内部から崩壊してしまったといえます。

●「二〇世紀の社会主義」論のおわりに

スターリンとそれ以後のソ連はマルクスの掲げた社会主義の理想を世界の国民のまえで失墜させるものでした。それは先進資本主義諸国の労働者の闘いの大きな障害となりました。〝あれが社会主義か！〟、〝あれが資本主義のあとにくる社会主義か！〟と思うと、労働者の社会進歩への意欲が大きく削られたことはいうまでもありません。しかしそれが社会主義ではなく別の思想によってつくられた体制であったこと、マルクス、エンゲルスそしてレーニンが考えたこととは全く違ったものであったことは、まぎれもない事実であったのではないでしょうか。

ソ連が崩壊してからすでに一八年近くがたちます。そして資本主義世界では今日の金融危機と世界同時不況という深刻な事態が起こっています。先進資本主義諸国の労働者と市民は、いまではソ連という曇った暗いプリズムを通して将来社会をみるのではなく、いま足元で起こっていることのなかから、純粋に自らの目で社会の改革・変革を追求していける条件が開かれつつあるのではないかと思います。

また中国、ベトナム、キューバはソ連と自分自身の過去から多くの教訓を引き出しながら、新しい社会主義を目指して国づくりを進めているといえるのではないかと思います。

その際、先進資本主義諸国の労働者・市民にとっても、また社会主義を建設しつつある国にとっても、マルクスとエンゲルスの純粋な思想と理論があらたな意味と重要性を急速に増大させていると確信します。

第4章 いま社会主義をめざす国々について

いま世界では、中国とベトナムが「市場経済を通じて社会主義へ」という路線にもとづき社会主義をめざしています。またキューバが社会主義を堅持しその建設を進めています。ラテンアメリカではベネズエラ、ボリビア、ニカラグア、エクアドルなど多くの国々が社会主義へ踏み出そうとしています。ブラジルでも社会主義の問題が真剣に論じられています。マルクスが唱えた社会主義は、死ぬどころか新しい光をいま帯びています。私はそれらの国々を専門的に研究しているわけではないので、いわば感想的な見方を概括的に述べておくことにします。

一、中国についての雑感

私は中国語はできませんので、私のもつ雑感は中国に関して日本語で刊行されている本を、いわば乱読してえた知識によるものです。まずいろいろな本を読んでいるうちに、関心はだんだんと、社会体制論的には中国はどこにいくのか、という問題に向けられていきました。もちろん中国指導部が初めは「先富論」で社会主義への道を進めてきましたが、いまは「調和社会論」に方針を切り換えて、貧富の格差を是正し、汚職を一掃しながら、社会主義へ向かって国づくりを進めていることは、重々承知のうえのことです。また中国指導部がいまの中国はすでに「社会主義の初級段階」にあると規定していることも知っています。多くの困難を伴うでしょうが、私は中国の社会主義建設の成功を期待しています。

●三つの論と四つの雑感

ところでいろいろの本を読んでいると、体制論として結局三つの見方があることが分かりました。一つは鮫島敬治氏の著書『資本主義へ疾走する中国』という本の題名どおりの「資本主義化」論です。また中国は資本主義国であるということが、当然の前提で書かれた本が圧倒的多数を占めています。第二には私のような「社会主義化期待」論です。第三は体制論というより社会論的見方といったほうが適切ですが、「市民社会形成」論（たとえば朱建栄『中国　第三の革命』）です。

これにそって雑感を述べると、第一は、資本主義的部門が急成長している事実です。「社会主義化期待」論者のひとりである、桜美林大学教授の座間紘一氏の論文「いま中国経済はどうなっているか」（雑誌『経済』、二〇〇八年三月号）のなかでも、「都市の就業者では国有、集団単位が年々就業を減らしているのに対して、私企業は四〇〇〇万人台、外国資本（外商）投資単位は一〇〇〇万人強の就業を増やしている」と述べられています。四年ほど前になりますが日本福祉大学教授の大木一訓氏も「工業生産に占める国有部門の割合が三〇%を割るところまでに低下し……非国有部門の私企業や外資企業に就職する都市の労働者たちが中国経済の主たる担い手になってきた」（雑誌『経済』、二〇〇四年一一月号）と指摘していました。

中国の国有部門の動向を、社会主義の基準にするのがいいのかどうかは一つの問題です。しかし私的資本主義部門がぐんぐんと発展していることは事実です。資本主義部門は当然、資本主義自身の法則をもっており、その法則を貫きながら自己回転していきます。ですから国が巨視的視野から、一層の経済の方向づけをきちんとしないと、中国が本当にどこへいってしまうか分からないという感じがします。

第二は、それにしても次のような状況はきちんと見る必要があるのではないかという点です。どの本を読んでも貧富の格差問題がでてきます。それはその通りだと思います。しかし中国社会科学院教授の金熙徳氏が、一九七八年から始まった「改革・開放」政策は、「ほぼすべての人々を貧困状態から抜け出させることに成功した。しかしこれによって生まれた『豊かさ』を人々が平等に享受することはできなかった」（『中国をどうみるか』）と述べています。新聞報道によれば、二〇〇八年一二月におこなわれた「改革・開放」三〇周年記念式典で胡錦濤・中国共産党総書記は、この三〇年間で国内総生産（GDP）が六八倍に増大したと報告しています。ともかく一三億という人口全体の生活水準の底上げをしたこと、そして、そのうえで生まれた貧富の差だということは、中国の格差問題をみるうえで重要な視点だと思います。金氏以外にも多くの中国の学者が同様な指摘をおこなっています。

第三は、一九七八年から約三〇年間、大きな不況なしに経済が発展してきたことです。市場経済の導入の結果だけでないことは確かです。市場経済だけから見れば、かならず不況は起きているはずです。いま世界の金融危機と世界同時不況のなかで倒産企業や失業者が生まれていますが、中国経済が世界経済と深く結びついて発展してきたことからみれば当然と思います。中国がいかに大国であろうとも、社会主義の世界的前進、少なくとも先進資本主義諸国での社会主義の勝利がくるまでは、局地的、部分的存在であり世界資本主義経済の煽りをくうのは当たり前だと思います。しかしともかくこの三〇年間の「不況なし」状態というのは、マクロの経済誘導をする中国指導部の立場に目を向けてみなければならない問題だと思います。

第四は、「市民社会」論にかかわるものです。この論は中国は一党制ですが、インターネット、メール、携帯電話などの情報手段の発展によって、さまざまな意見を人々が交換しあうことができるようになり、都市の中間層の増大とともに「市民社会」が形成されつつあるという考えです。この点については私もつぎのような体験をしました。

二〇〇七年春、私が友人とともに中国に全くの観光目的で旅行したとき、天安門広場を案内してくれた女性のガイドさんが、「私は天安門広場にくるといつも思いだします。天安門事件のとき私は学生としてそこに参加していました。殺されるところでした。一党制では駄目です。こんなことをしゃべっているのを公安が知ったら、私はすぐ逮捕されるでしょう」と女性ながら、豪快に笑いました。私は「市民社会」論が実際に中国の状況を反映した議論であることを感じるとともに、見ず知らずの外国人に平気でこういうことが言えるようになっていることにも、大いに興味を感じました。

また友人が若い頭の切れる別の女性のガイドさんに、「社会主義」ということで何をイメージしますかと質問したところ、彼女は即座に「貧困」と答えました。ちょっと驚きましたが、こういう答えがかえってくるのも当然だと感じました。そもそも中国の社会主義建設は、ソ連型の模倣から始まりました。それがうまくいかないと、毛沢東は共産主義を一挙にねらうという「大躍進」路線を進め、中国国民がみな「平等に」貧困状態、餓死状態に陥りました。その後は資本主義の復活を許してはならないといって、あの「文化大革命」をおこし一〇年にわたり中国全土を悲劇のどん底に突き落としました。今の中国の経済的発展の起点となった、一九七八年の「改革・開放」政策は鄧小平のプラグマチックな発想から生まれたものだと私は思っています。近年になって、それが成功したので理論づけをあたえるようになったのが実際だと思います。したがってこういう答えがかえってきたのは当然だといえます。また中国の圧倒的多数の一般市民が、中国で社会主義を建設しているのだ、というような意識は全くもっていないと感じました。私の中国雑感というのは以上のような、つたないものです。

●最近の学界での興味ある論争

後日談になりますが、私は中国旅行から帰ってきた後、二〇〇七年に書かれた関志雄『中国を動かす経済学者たち』という本を読み、中国の学界の動向に注意を向ける必要があることを感じました。関志雄というのは日本人ではありません。「カン　シユウ」と呼ぶ香港生まれの学者で、現在野村資本市場研究所シニアーフェローをしています。この本は胡錦濤・温家宝体制になってから従来の「先富論」を、格差解消・汚職一掃の「調和社会」建設論に方針を転換したことにより、学界で大きな論争が起こっていると述べています。関氏自身は一九七八年の「改革・開放」政策の開始から今日までの三〇年間に、中国では労働者階級と資本家階級という二大階級が創出されるという「原始資本主義の段階」が終了し、「成熟した資本主義」へ移行しようとしている段階に中国はあると規定をしている人物です。それはともかくとして、氏は中国の学界には「タブー」というものは存在せず、何を議論してもよく、学者の見解、提言は中国指導部に大きな政策的影響をあたえていると述べています。

この本のなかで述べられている論争の大きなテーマは、やはり格差・汚職問題です。「新自由主義」派の学者は、大規模に蓄財した者（大金持ち）は行政権力を利用し、他人を犠牲にしてきた連中であり、中国には既得権を得た「階層」が成立していると主張しているそうです。これにたいし「新左派」と呼ばれる学者は格差・汚職は全てを市場にまかせた「新自由主義」の結果であると主張しているそうです。

胡錦濤総書記がさきにあげた集会で「構造的矛盾と粗放的型の成長方式が改まらず」、そのため貧困・低収入、都市と農村の格差縮小は「きわめて困難だ」と述べているのを新聞で読みましたが、「構造的矛盾」と「粗放的型成長方式」という表現にはいろいろな意味がふくまれているのであろうと思い、私の関心を引きました。

その他の個別問題として大国有企業、四大国有銀行、医療・福祉・教育・住宅、小さな政府か大きな政府かという問題等々をめぐって、全て「民営化」と、「国有化」堅持に意見が別れ大いに議論がおこなわれているようです。もっとも中国の専門的研究家の話によれば、「新自由主義派」と「新左派」という分け方自体を含め、関氏の説明はもう古くなっているとのことです。七〇年代、八〇年代に日本の学界で大論争になった、平田清明氏の「個体的所有論」も論争の種になっているそうです。平田氏の主張というのは、とことん詰めてみると「社会的所有」とは同時に「個人的所有」でなければならないというもので、今の中国でこれが問題になる理由は分かるような気がします。中国指導部の実際の政策と直結するといわれている、学者の論争は大変興味のあるところです。

いずれにしろ中国の、「市場経済を通じて社会主義へ」という道には、さまざまな困難な問題があり、中国は手さぐりでその道を歩んでいるように思います。成功を期待します。

二、ベトナムについて

私はベトナム戦争がおこなわれている時期に数回ベトナムに行ったことがあります。また一九七五年についにベトナムがアメリカに勝利し、サイゴン（現在のホーチミン市）が解放された直後に同市に行きました。サイゴン空港には米軍が放棄した空軍機が多数そのまま放置されており、街に出ると各家にホーチミンの小旗が掲げられているのに驚いたことを覚えています。どうしてこう手早くホーチミンの旗が立てられたのかと尋ねると、ベトナム側の勝利を見越して一カ月ほどまえから華僑が準備し、解放されるとただちに各家に、〝これを立てていないと北にやられるぞ〟と言って売り歩いたからだということでした。華僑の商才には驚くばかりでした。私は社会主義問題には常に関心をもっていましたから、このように商才にたけた華僑が多数住み大市場を展開しているサイゴンで、これからどのようにして社会主義建設に取り組むのかなということを強く意識しました。

いまベトナムは一九八六年から始めた「ドイモイ」（刷新）路線にそって、「市場を通じて社会主義」へ進むという国づくりを進めています。私はこのサイゴン訪問以来一度もベトナムに行っていませんが、「ドイモイ」が始まったとき、率直に言ってサイゴンの華僑のことを思い出し、さもありなんと思ったものです。

「ドイモイ」路線は成功し、いま年率七、八％の成長を続けています。同時にベトナムは理論を重視していることを感じます。ベトナムはあくまで「過渡期」にある国であり、社会主義に至るまでには相当長い期間が必要であるとみているようです。「ドイモイ」を始めるときには、レーニンのネップをよく研究したといわれています。同時に先にも触れましたが、旧ソ連・東欧の経験も相当突っ込んで研究したのではないかとも感じます。「ドイモイ」が始まったのは、旧ソ連で「ペレストロイカ」が始まった翌年です。ソ連型の国有企業と農業の集団化、それに中央集権的指令計画では、国民の創意を発揮させた社会主義建設をおこなうことはできないという意見が指導部に形成されたものと思います。

日本ではベトナムについての文献が極めて少ないので、「ドイモイ」の事実関係については志位和夫氏のベトナム訪問記（『ベトナム　友好と連帯の旅』）にもとづいて紹介します。コメントは全く私自身のものです。

「ドイモイ」は六つの所有形態（国家セクター、集団セクター、個人小経営セクター、私的資本主義セクター、国家資本主義セクター、外国資本セクター）を認めているとのことです。私にとってこのなかで極めて興味あるのは、従来の国有企業の改革として国家セクター（社会主義セクター）の「株式化」を進め、政府と従業員が株を持つという形態をとっているという点です。これは理論的には以前にも「社会主義改革案」として、「社会主義諸国」の一部の学者から提起されていました。本書でもマルクスが資本主義を止揚する形態として「株式会社」をあげていたことを述べましたが、それだけにベトナムにおける、この試みの成功を心から望むものです。

国家セクターでもう一つ非常に関心をもつのは、労働者が自ら積極性、創意性を発揮し、実際に「生産者が主役」となる状態をどうやってつくるのかという問題です。「生産手段の社会化」とは、これがやれるのかどうかにかかっています。志位氏によれば、国家セクターの責任者は国家が任命します。しかし労働者の代表が経営委員会に入っています。また企業全体の職場大会で企業の経営計画が提示され討論に付され、労働者の多数意見は計画に取り入れるようにしているとのことです。「生産者が主役」という状態を、現段階では、このようにしてつくっているようです。

ただ一言、率直にいうとこの形態は大なり小なり旧ソ連・東欧諸国でも形としてはつくられていたものです。徹底したのは企業長も労働者が公募して決めるユーゴスラビアの「自主管理社会主義」でした。しかしみな形骸化されてしまいました。それは、それぞれの国の経済的条件と情勢、市民的政治的自由の問題、党と国家の関係といったさまざまな要因によって起こったものです。ベトナムが成功するかどうかは、具体的実践のなかでのみ確かめられる問題だと思います。ベトナムは実践して理論化し、理論化して実践するという立場にたっているとのことですのでこの仕組みの成功とさらなる発展を期待します。

集団セクターについてですが、これには組合員が出資してつくる協同組合工場も入っています。プラスチック製品をつくる千人規模の協同組合工場もあるようです。すでにみたようにマルクスは協同組合工場を非常に高く評価し、「株式会社」は資本主義を「消極的」に止揚するのにたいし、協同組合工場は「積極的」に止揚すると指摘していました。ベトナムにおけるこうした取り組みをみていると、国家セクターの「株式化」とともに「市場経済を通じて社会主義へ」という道が、具体的イメージとしても生まれてくるような気がします。

もちろん私的資本主義部門、私的商業部門、外資部門、そして分厚い農民階級が存在するなかで、協同組合工場を含む社会主義部門が発展していくことは、大変な事業だと思います。また「市場経済」は負の部分をもっていますから、それがもたらす「拝金主義」と経済的混乱、それに汚職・腐敗も生まれてきます。日本で一般ジャーナリズムが報道するニュースは主としてこういう側面だけですが、これも事実でしょうから直視しながら、ベトナムの成功を期待して見ていきたいと思います。

三、社会主義を守り抜いたキューバ

ソ連・東欧諸国が崩壊するなかで、キューバは社会主義を守り抜いています。アメリカのフロリダ半島の突端からキューバまでの距離は、竹芝桟橋から大島までくらいのものです。ここでアメリカの軍事的脅威、経済封鎖と、キューバに核ミサイルを持ち込むというフルシチョフの馬鹿げた冒険主義にもかかわらず、約五〇年近く社会主義建設の道を守り抜いてきたことは、驚きと称賛に値するものです。レーニンが少なくとも西ヨーロッパ革命が到来しないと、ソヴェエト・ロシアはもちこたえられないと考えていた時期と同様な苦しみを、カストロを中心としたキューバ指導部は感じていたと思います。キューバの工業相をしていたチェ・ゲバラは、ソ連から送られてくる工業分野の支援物資があまりにもお粗末なのに驚き、ソ連の援助はあてにならずとして、ラテンアメリカ全体に革命がおこらないかぎりキューバはもたないと考えました。そのためラテンアメリカ諸国でゲリラ闘争を起こすためハバナを去りましたが、ボリビアで殺害されました。

私はこのような困難な状況のもとでも「キューバ社会主義」が生き抜いた最大の要因は、革命キューバにたいする世界人民の熱い支持と共感が注がれたこと、それにカストロ指導部と国民との団結が五〇年間、基本的に崩れることなく堅持されたことにあると思います。しかもこの団結は強制によるものではなく、双方の側からの自発的なものでした。

キューバは一九五九年の革命後、直ちに農地改革をおこない、また砂糖精製などの基幹産業を国有化しました。しかし自然条件からトウモロコシ以外の食糧生産の拡大には限度があること、大工業を発展させるうえで困難があることなど、国民生活の向上が思うように進まないことも事実です。ソ連・東欧諸国の崩壊がキューバの従来の貿易構造を壊し、経済困難を加速させたことは事実です。その一方でアメリカは経済封鎖を強化しました。

しかしルソーを愛読したことから生まれたのかどうかは知りませんが、カストロは国民が一人一人「平等」でなければならないという強い信念をもち、貧困をなくす努力を一貫して払い、「社会主義」国でよく生まれる「特権層」というものが、キューバで存在しているという話はあまり聞いたことがありません。官僚主義、汚職の話は聞きますが。そして教育はもちろんのこと、とくに医療の無料制度を堅持し「医療国家」と呼ばれています。

これは二〇〇三年のあるロシアの新聞に出ていたことですが、その時点で一万五〇〇〇人のロシア人とウクライナ人の子どもがもう一〇年間無料で、キューバで治療を受けているとのことです。おそらくチェルノブイリの子ども達ではないかと思います。またキューバの幼児死亡率が一〇〇〇人当たり七名なのに、ロシアは一八人だそうです。この新聞はソ連崩壊とともに医療無料制であった国が、有料制の国に変わってしまった状況を嘆き、キューバの医療制度を紹介したものでした。またキューバの医師達は高い医療技術をもち、ラテンアメリカのさまざまな国でも活躍しています。

いまラテンアメリカで革新政権が次々と生まれていることは、キューバをめぐる国際環境を大きくかえようとしています。キューバはベネズエラから石油を輸入することができるようになりました。キューバは新しい社会主義へ向かって、前進していくことでしょう。

四、ラテンアメリカに広がる社会主義

この三月にエルサルバドルにも革新政権が誕生したことにより、これまでアメリカの「裏庭」と呼ばれてきたラテンアメリカで、いま一四カ国に革新政権が存在しています。みな選挙で生まれたものです。しかもベネズエラ、ボリビア、エクアドルなど多くの諸国は社会主義の道にそっ

て国づくりをしていくことを目指しています。これらの国々を「社会主義をめざす国」の範疇に入れていいのかどうかはまだ不明ですが、社会主義の思想がラテンアメリカで広がっていることは間違いありません。新藤道弘氏の論文「ラテンアメリカで広まる社会主義への期待」（雑誌『前衛』二〇〇九年一月号）によれば、以下のような状況がラテンアメリカで進んでいます。

ベネズエラのチャベス大統領は「二一世紀の社会主義を作りあげなければならない」と述べ、ボリビアのモラーレス大統領も「資本主義制度を廃止しなければならない」と述べ、ボリビアの伝統に合致した「共同体社会主義」を提唱しています。またエクアドルのコレア大統領は「エクアドルは、独自の歴史を書いており、二一世紀の社会主義に賛成」していると述べ、同時に従来の「社会主義」とは違い「われわれは国有化主義者ではない」としています。これらの国々が目指すとしている社会主義は、それぞれの国の条件によって異なる特徴がありますが、共通しているのはつぎのような点です。

（1）中央指令経済のソ連型の真似はしない。
（2）生産手段の所有形態は多様である。国有、集団所有、協同組合、共同経営、市民生産企業、市民サービス企業、市民流通企業、私的企業等々です。ベネズエラでは協同組合形態を「市民共同体」と呼んでいるようです。
（3）市場経済と計画化を結び付ける。

（4）労働者、市民が企業管理に積極的に参加する。
（5）無料医療制度、識字運動、教育改革を推進する
（6）社会主義への過渡期は長いものとなる。

重要なことは、どの国も選挙による議会制民主主義にもとづく国民合意のもとで、これらのことを実現していこうとしていることです。

なお新聞報道によれば、ブラジルで二〇〇八年一二月に中南米カリブ海三三カ国首脳会議が開かれ、アメリカによるキューバ封鎖を解除することを要求し、またアメリカ抜きの「中南米カリブ海諸国機構」の設立を、次回の首脳会議がおこなわれる二〇一〇年に向けて検討することを決定しています。

このようなラテンアメリカの動きは、キューバの発展とともに二一世紀の世界における社会主義の新たな展望を示す、極めて重要な意義をもつものです。

五、どう見る北朝鮮問題

北朝鮮が「社会主義をめざす国」でないことははっきりしています。「世襲制」とか「独裁」

などは社会主義とは無縁です。そのうえのことですが、北朝鮮問題をどう見るかについて、私の意見を述べておきたいと思います。

まず核問題があります。私は世界の核兵器は全面禁止・廃絶されなければならないという見地をしっかりともつ必要があると考えます。この観点から北朝鮮が核兵器の開発をすることに絶対反対します。同時にＮＰＴ（核不拡散条約）体制に反対します。これはアメリカ、ロシア、中国、イギリス、フランスの五カ国が核兵器を持つことは認め、その他の国々は持ってはならないとする全くの不平等条約です。これではなぜ自分は持ってはいけないのかという論理が成立することになり、核保有国の増大をまねく結果になります。いま六カ国協議がおこなわれていますが、米中は核保有国であり、日韓にはアメリカの核がいつでも持ち込めるようになっているのは公然たる秘密であり、北朝鮮にしてみればいつでも問題を逆手にとって相手側を攻めることができます。ただ北朝鮮は北の核問題と経済支援などの問題をあわせて交渉にのぞんでいるので、この交渉が成功することを望んでいます。ただ外交交渉の中身の正確なことを知る立場にない、私たち国民にとっては、世界の核兵器全面禁止・廃絶の根本的立場に常に立って問題をみていく必要があると思います。さらに国際政治の観点からすれば、日本、中国、朝鮮半島の安全保障体制をつくることが、この地域の安全にとって重要であることも付言しておきます。

拉致問題については、第一にこれが日本の国家主権を侵害する重大な犯罪であり、人権侵害であることは明白であること、第二に北朝鮮の最高指導者が拉致の事実を認め謝罪したこと、この二つのことを認識することが重要だと思います。その上にたって残されている問題について双方が話し合いや共同の調査をするなど、実務的・実際的に解決する方向を見いだすことが、一番大切です。残されている問題を双方が政治的に突出させ尖鋭化させることは、問題解決にはつながらないと思います。

第5章
市場経済を通じて社会主義へ

ここでは各国の現状ではなく、日本でも展望される「市場経済を通じて社会主義へ」という道そのものについてみてみたいと思います。この道の本質はすでにレーニンのところでみた通り、市場経済を通じて社会主義部門と私的資本主義部門その他が競争しながら、社会主義部門が優勢になり社会主義へ移行するというものです。そこでこの道に関連しておこる理論問題を検討することにします。

一、市場経済イコール資本主義ではない

まず初めにはっきりさせておく必要があるのは、多くの人が「市場経済」といえば「資本主義経済」のことと考えていますが、そうではないという問題です。ここをとりちがえると「市場経済を通じて社会主義へ」という命題そのものが成り立ちません。私はかつてこのことを拙著『ソ連はどういう社会だったのか』のなかで詳論したことがあります。ここではそのポイントだけを挙げておきたいと思います。

市場というのは生産のやり方すなわち「生産様式」ではなく、商品を交換する「交易様式」です。これは資本主義経済にだけ存在するものではなく、封建制度のもとでも、太古の共同体間にも存在したものです。

一方、生産様式とは、どのような形で労働力と生産手段を結合させ、生産物を生産するかにかかわる問題です。それは資本主義制度と封建制度とでは違い、封建制度と奴隷制度とでは違い、奴隷制度と太古の共同体とでは違います。資本主義的生産様式というのは、生産手段をもっていない労働者が、資本家の所有する生産手段を使って労働し、生産した生産物は資本家のものになり、労働者はただ賃金をもらうという様式です。「交易様式」と「生産様式」の違いは明白です。

マルクス自身、「市場」を独自の「生産様式」と考えたことはありません。したがってマルクスは、資本主義的生産様式のもとで起こるさまざまな矛盾を「商品流通から生じる」問題、すなわち「市場」の問題に解消し「資本主義的生産過程の諸矛盾を否定し去ろうとする試み」は完全に誤っている、商品生産と商品流通は「非常に違ったいろいろな生産様式に属する現象」だ（『資本論』第一巻、全集二三巻a、一五〇ページ）と述べています。そして資本主義的生産様式は労働者も商品になってしまうところから生まれるもので、「交易様式の社会的性格にもとづいているのではない」（『資本論』第二巻、全集二四巻、一四三ページ）と指摘しています。以上のように社会主義をめざす国が市場経済をとり入れたからといって、それで資本主義になったとか、混合経済形態になったとかを即時に意味するものではありません。このことは第一におさえておくべきことです。

●市場経済の功罪

第二におさえておかなければならないのは、市場経済のもつ功罪です。市場経済は商品の需給関係を調整する力をもっています。人間がややこしい計算をしなくとも自動的に商品流通の調整をしてくれます。また市場経済のもとでは、生産者が競争することにより、生産力を急速に発展させさせます。これは市場経済のもつ積極的な側面です。

しかし市場経済を野放しにしておけば、激しい競争によって所得の不平等、過剰生産、失業等々の害悪もつくりだします。ですから市場経済のこの両面をよくみて、否定的側面には民主的な規制をかけていく必要があります。これは「計画化」とも結びついていくことになります。

以上の理論的な二点の上にたって、この「市場経済を通じて社会主義へ」という道をみてみると、この道の要がどこにあるかがわかります。それは社会主義的企業、私的資本主義的企業、個人経営などが混在して競争するなかで、社会主義的企業が資本主義的企業に負けないという保証はかならずしもないという点にあります。

●「利潤第一主義」との競争

資本主義は「利潤第一主義」にもとづき、無政府的に生産活動をおこなっていくため、恐慌を生み価値破壊という大変な浪費をまねくものですが、そこまでは猛烈な勢いで生産力を発展させる力をもっています。旧ソ連や毛沢東の中国でみられたような、官僚主義と非効率と怠惰とが重なりあったような国有企業なら、資本主義企業に容易に飲み込まれてしまいます。それなら経済の重要部分、たとえば大銀行、運輸、エネルギーなどは国家が直ちに掌握し、いわゆる「瞰制高《かんせい》地」を確保すればいいではないかということになります。もちろん国民生活に不可欠な部門（エネルギー、鉄道、福祉・医療等）は、国家がきちんと把握しておかなければなりません。たとえその部門だけをとれば赤字がでたとしても、それは社会の必要経費であり、低価格ないしは無料で国民に財貨あるいはサービスを提供しなければなりません。そうでなければ社会主義をめざす政権とはいえません。

しかしこういう特別な部門は別として、全般的に国有企業が非効率で、赤字をだし、経済を停滞させる原因になったのが、これまでの経験であり、だからこそ市場経済の導入がおこなわれたわけです。資本主義に負けない社会主義部門をつくり出すのは簡単なことではありません。

●社会主義の優位性

しかし同時に忘れてはならないのは、社会主義的諸部門と資本主義的諸部門の競争がただ単に経済競争――俗っぽくいってどちらが「儲かるか」の競争にあるだけではないことです。労働者がどちらを選んだほうが、自分達にとって有利で安定的であるかという、労働者自身の選択の問題があります。ここでは労働者の福祉・医療・教育・文化などを含め、労働者の生活向上を目的とする社会主義部門が、圧倒的優位性をもっています。社会主義企業が健全であれば、労働者はそちらに流れていくことは確実です。このことは「市場経済を通じて社会主義へ」の道について考えるときに忘れてはならない点です。

●政権問題はどうなるか

もしこの競争のなかで社会主義をめざす政権が、政策上の誤りをおかし国民の支持を失ったときには、将来社会でも複数政党制と政権交代制を認めている国では、その政権は当然下野することになります。その結果、資本主義的部門が優勢になっていくこともあるでしょう。そこは社会主義をめざす政党が覚悟し、捲土重来《けんどちょうらい》を期す以外ありません。これが議会制民主主義を基礎として社会主義をめざす場合の当然の前提になります。

二、「計画経済」をめぐる論争

「市場経済を通じて社会主義へ」の道をみていくと、どうしても市場経済のもつ否定面をおさえていく「計画化」の問題がでてきます。その際、「計画化」といっても、「市場経済を通じて社会主義へ」という「過渡期」の民主的規制や計画と、社会主義そのものの「計画経済」というのがあるはずです。前者についてはそれぞれの情勢や条件のもとでさまざまな内容と規模をもつことになり、いまそれを具体的に決めることはできません。しかし社会主義の「計画経済」とは何かという問題は、社会主義の原理問題であり、いまのところ分からないというわけにはいきません。したがってその基本は明確にしておかなければならない問題です。

これは大きな問題で、そもそも「計画経済不可能」論という問題があることはまえに指摘しました。金子勝氏が「セーフティーネット」論にとどまっている大きな原因の一つはここにあることはまえに指摘しました。氏は「マルクスは計画経済を明確に主張したわけではないが」、その後の現実は資本主義の無政府性を克服するために「無謬の中央計画当局を想定」して、計画経済をおこなった。しかし、それはやはり「無理」なことであり、「マルクス主義の限界」をそこに見るとしています（『市場』）。私自身このことをソ連でいやというほど体験しました。宇沢弘文氏は資本主義の矛盾から社会主義の「可能性」を指摘しつつも、「自由で、多様性」のある社会主義の人間像と、「画一的、かつ統一的な計画の理念」とは相容れないのではないかとして、計画経済の問題で社会主義に疑問をなげかけています（『近代経済学の転換』）。

さらにソ連崩壊の直前に『今こそマルクスを読み返す』を書いた、有名なマルクス主義論者である広松渉氏も、ソ連が崩壊にむかっている原因はボリシェビキが権力を時期尚早に取りすぎたためだとか、いろいろの局面で政権を捨てる必要があったのではないかといった議論を批判するためにも、「計画経済なるものの可能性と現実」というところまで議論の射程を及ぼしていかなければならないだろうと述べ、「計画経済」には大きな疑問点があることを示唆しています（『マルクスと歴史の現実』)。広松氏はそこまで言及する前に他界されました。

実はこの問題をめぐって、大きな国際論争がありました。これは三氏の疑問提起とも関連し、また私たちが計画経済とは何かを真剣に考えてみる場合にも、興味深い内容をもっています。

●社会主義経済計算論争

論争は第一次世界大戦後に近代経済学の側から問題が提起され、それを巡って第二次世界大戦後も引き続きおこなわれた長い大きな論争です。特に戦中間にはソ連が五カ年計画を遂行し、遅れた農業国を工業国にかえる経済発展をとげたのにたいし(そのやり方はここでは捨象)、資本主義世界では三〇年代の大不況がおこったという客観的状況が論争を大きくしました。これはいわゆる西側でおこった論争でソ連の学者は参加していません。

いまこの論争が読書界で再びクローズアップされています。それには二つの理由があります。第一はソ連の崩壊です。第二はいままで(少なくとも今回の金融危機まで)市場万能論にもとづく「新自由主義」が、世界で蔓延していましたが、この「新自由主義」の元祖の一人である、オーストリア出身の経済学者ハイエクがそもそも「社会主義経済計算不可能」論を唱えた中心人物の一人だったからです。

そこでまずは論争を概括することにします。

ハイエクは大衆むきの著書『隷属への道』を、一九四〇年から四三年にわたって書いています。日本語訳は一九五四年に出版されました。その初版以来、実に三八年間、増刷は一回もおこなわれていなかったのが、ソ連崩壊後の一九九二年から二〇〇八年にかけて一挙に九刷がでるほどの勢いです。この『隷属への道』を読むかぎり、ハイエクはノーベル経済学賞を受賞した経済学者というより、右翼的保守政治家といったほうがいいように思えます。彼は「中央計画経済は全体主義」に通ずるとしてつぎのように主張します。

「相互に関係のある諸活動の複雑な体制が、いやしくも意識的に指導されるものとすれば、専門家の単一集団によって指導されなくてはならぬこと、また最終の責任と権力が総指揮官にあり、その総指揮官の行動が民主的方法論によって拘束されてはならないこと」――それが「中央計画化の根底にある考え」である。

このことをより経済学論的にいうと、〝市場には分散された情報が無数にあり、何百万種類の商品がある。そのなかで人間の試行錯誤がくりかえされている。人間の認知能力には限界があり、この莫大な情報と商品を計算することはできない。したがって生産を計画化するとは不可能なことである。もしこれを中央計画当局がやろうとすれば、必然的に全体主義体制、独裁政治体制に導く〟――これが彼の経済論を含めた論理です。

したがって全てのことを市場に任せるべきだというのが彼の根源的発想です。ハイエクはソ連とヒトラーを攻撃するだけでなく、「ケインズ主義」も不況期に需要を創出するために政府が財政出動をし、意識的に経済活動を上から指導するものであり、これはいずれ「社会主義」に通じるものであり、したがってまた「全体主義」に通じるものだと断罪します。イギリス労働党その他の「社会主義者」にも攻撃の矢が向けられています。

ここで注意しておかなければならないのは、彼の説く「新自由主義」は古典派経済学のような「自由放任主義」ではないことです。彼は自分の「自由主義」論は「独断的な自由放任主義」ではなく、市場での競争が完全にできるような「法的構造」を必要とするものであり、重大な欠陥をもつ旧法規を変える力を必要とするものである。そのためには強力な「政府行動」が必要であると主張しています。「新自由主義」を実行したサッチャーやレーガンが、「強い国家」の主張者であったことも、また日本では小泉、安倍元首相などが、日本のかつての侵略戦争肯定の「靖国派」であったことは「偶然の出来事」ではないでしょう。

ミーゼスというオーストリア学派の経済学者も論争者の一人です。より正確にいうと彼はハイエクより先に「新自由主義」を唱え、「計画経済不可能」論を主張しました。オーストリア学派ですからミーゼスは当然、「限界効用説」にたっており、財貨の価値はそれをつくりだす労働量によってきまるのではなく、「人間によって個々の財貨に寄せられる重要性」によってきまると主張します。これは「主観主義価値論」と呼ばれています。

このことをより平易な言葉でいうと、同一の財貨であっても、その財貨をいま必要とする人と、必要としない人とでは「価値判断」は全く異なります。したがってこういう「価値」の「価値計算というものは不可能である」と主張します。したがって財貨は私有財産制度を前提にした、自由市場での交換過程においてのみ実現されることになる。これがミーゼスの根本的論理です。以上のことからミーゼスは、生産手段を公有化する社会主義社会で「経済管理の合理的秩序が可能であるというのは幻想」にすぎない。なぜなら「計算できない」ものを「計算する」というわけであるからである。さらに生産手段の公有制のもとでは自由市場がなくなり、したがって「価格機構」もなくなるので、経済秩序は形成しえないからだというわけです（橋本努『自由の論法――ポパー・ミーゼス・ハイエク』が参考になる）。

これにたいしイギリスのドッブ、ポーランドのランゲらが反論します。

ドッブはミーゼスの「主観主義価値論」を批判し、マルクスの労働価値説に立ち「客観的価値論」を展開し、結論として市場は「無政府的で不安定」であるとします。そして計画経済については、巨視的な立場から長期的な計画を作り実現することは可能（強調―筆者）であると反論します。

ランゲの「計画経済可能論」はドッブとは違います。彼は国家独占資本主義体制もソ連の中央集権的計画体制も、「官僚の目的と評価」によって運営される体制であり、国家の介入により特定の集団の利益だけをはかるものであるとして批判します。そして「社会主義計画経済可能説」をつぎのような論理で解明しています。

中央計画当局は「暫定的な計画価格」をきめ、それを下部企業におろす。企業はその「価格」にもとづいて自分の生産量をきめ、それを中央に申請する。中央はそれにあわせて修正する必要があるのなら「計画価格」を修正する。こうして「計画価格」が決定される。その後は需要供給の法則にもとづいて経済活動をおこなう。状況が変化すれば、「計画価格」を改定すればよい。このようにして中央計画当局は「市場の機能を果たす」ことができ、中央が「全知、全能」である必要はない――これがランゲの論理です。

「中央計画当局」は、例えていえば築地の魚市場の「せり人」の役割を果たせばいいのだということです。ランゲは「市場」というのは「革新的合理性」をもった側面があり、それは社会主義にも引き継がれなければならないと考えています。そういう意味では私はランゲが「市場社会主義」論の元祖であったのではないかと思います（平井俊顕編著『市場社会とは何か』が論争を整理する場合でも、また市場に関する諸説を簡便にまとめるという点でも便利である）。

以上が論争の粗筋です。私はマルクスの労働価値説に立っています。そこで「限界効用説」が正しいか、「労働価値説」が正しいかをここで論争してみても、話が長くなるだけで、読者にとって面白いものにはならないでしょう。問題の中心点としてハイエクのいう、莫大な量の情報と商品のもとで、「実際に計画が立てられるのか」、またミーゼスのいう「主観主義価値論」ではなく「労働価値説」に立てば、「実際に価値は計算でき、計画は立てられるのか」という問題に絞って、私の考えを述べたいと思います。

●「コンピュータ社会主義」論は不可能

結論から言って私は両方ともできないと思います。旧ソ連の学者によれば、一九三〇年代にソ連にあった商品の数にもとづき、それに必要とする労働時間を計算して計画を立てるには、一年間に一〇の一四乗台すなわち一〇〇兆回の演算をしなければならないとのことです。さらにこの学者は一九七〇年代には商品の数もふえ、一年間に一兆の一万倍回の計算をしなければならないといっています。人間は休みなしに計算を続けて一年間に、一〇〇万回の演算ができるそうです。そうすると三〇年代には経済管理のために、ソ連で一億人の人間の頭脳が必要になる、七〇年代では一〇〇億人の頭脳が必要になるとのことです（拙著『21世紀と社会主義』より）。これを現代世界にあてはめていえば、宇宙衛星から子どもの玩具までおそらく何千万単位の生産物があり、どれだけ人間がいても計算することはできないでしょう。

この学者はいまではコンピュータを使えばこの計算は「正確」にできると主張しました。しかしいくらコンピュータを使ってみても、情報をインプットするのは人間であり、無数の情報を正確にコンピュータにインプットすることはできません。しかも中央当局が国民生活の隅々まで情報を収拾し、それで経済を管理することにでもなれば、窒息してしまいそうな社会、個人のプライバシーを完全に無視した社会が生まれるでしょう。このような「コンピュータ社会主義」は誰も必要とはしません。ハイエクが無数の情報を知り処理しようとしても、人間の能力には限界があると主張したこと自体は、本格的なコンピュータ登場以前の見解であっても、その限りで当たっていることを認めないわけにはいかないでしょう。

ミーゼスについていえば、私は「限界効用説」に反対ですが、人間がさまざまな嗜好をもっていることは否定しません。洋服や装飾品などはいうに及ばず、娯楽品も含め個性的で自分の趣味にあった物を持ちたいという嗜好の範囲はかなり広いものがあります。しかしこれを計画化することはできません。またここまで計画化するのが計画経済だとも考えません。

●エンゲルスへの疑問

そこで生まれてくるのが、エンゲルスへの疑問です。エンゲルスは『反デューリング論』のなかで、社会が生産手段を掌握する社会主義社会では、「ある生産物にふくまれる社会的労働の量を、まず回り道をして（価値を通しての意味―引用者）確かめるには及ばない。平均的にどれだけの社会的労働が必要かということは、日々の経験が直接に示してくれる。蒸気機関一台、最近の収穫期の小麦一ヘクトリットル、一定品質の布一〇〇平方メートルに、どれだけの労働時間がふくまれているかを、社会は簡単に計算することができる」（全集二〇巻、三一八ページ）と述べています。したがって生産計画を決定する場合も「万事をしごく簡単にやっていくであろう」（同上、三一九ページ）と述べています。

エンゲルスはこの考えをずっと以前から持っていたようです。『反デューリング論』より三一年前の一八四五年に、エンゲルスは次のような演説をしています。

「共産主義社会では、生産をも、消費をも、たやすく知ることができよう。各人が平均してどれだけのものを必要とするかは、わかっているのだから、ある数の個人がどれだけのものを必要とするかを計算するのは、たやすいことである。また、そのときになれば、生産はもはや個々の私的営利者の手にはなくて、共同体とその管理当局との手にあるから、欲望におうじて生産を調節することは、なんでもないことである」（「エルバーフェルトにおける二つの演説」全集二巻、五六六ページ）。

こう簡単にいかないことはいまみたとおりです。複雑労働を単純労働に還元する問題をとりあげてみても、それが理論的には可能なことであっても、実際には単純ではありません。産業革命期にあったマルクス、エンゲルスの時代は、今よりもっと単純な世界であり、一番発達していた機械類は、蒸気機関と紡績機、各種機械類でしたが、それにしても複雑労働を単純労働に換算することは容易なことではありませんでした。マルクスは「資本論」のなかで、理論的には熟練労働は単純労働の「数乗されたもの、またはむしろ数倍されたものとみなされる」（全集二三巻a、六〇ページ）ことを突っ込んで説明しています。しかしマルクス自身が商品の価値を比較するさいに引き合いにだした例は、リンネル、糸、衣類、鍛冶屋の鉄、お茶、小麦といった手作業を中心としたものでした。蒸気機関や紡績機は例にあげていません。何故かというとマルクス自身がその理由を説明しています。複雑労働を単純労働に換算する「労を省くため」（全集二三巻a、六〇ページ）だといっています。大雑把に見て見当のつく単純な商品を取り上げないと、複雑労働を単純労働に換算するのは複雑すぎるからということでしょう。

それではどこかで「労を惜しまず」換算しているところがあるのでしょうか。それもありません。日本の政府官庁は「労働価値説」をとっていませんから、そもそもそのような計算をしてみるつもりもありません。国家公務員や地方公務員の等級わけをしたり、民間企業が労働者の格付けをすることはあります。しかしそれは等級をつけるということであって、価値をつくりだす人間労働の時間を計算したものではありません。「社会主義」国だといわれたソ連でも管理職、高度熟練労働者から非熟練労働者、掃除婦までに七等級ないし八等級の区分をして賃金の差をつける、格付け区分しかありませんでした。

以上のような理由で私はエンゲルスの主張には以前から大きな疑問をもっていました。「社会主義経済計算論争」というのは、大きな意味をもっていたことは確かなことだといえます。

それでは計画経済はハイエクやミーゼスがいうように不可能であり、したがってまた社会主義は成立する社会ではないということになるのでしょうか。そこで社会主義の「計画経済」とはそもそも何なのかという根本問題の検討に進むことにします。

三、計画経済とは何か

マルクスは『資本論』のなかで計画経済について、事前の「社会的理性」(『資本論』第二巻、全集二四巻、三八五ページ）、「意識的社会的な統制や規制」（全集二三巻a、四六六ページ）と述べたり、「生産者たちが自分たちの生産を予定の計画にしたがって規制する社会」（全集二五巻a、三三七ページ）等々と規定しています。しかしその具体的形態については、「青写真」を描かないという立場から何も述べていません。金子氏がマルクスは計画経済について「明確」に主張していないと指摘しているのは、このことを指すものと思います。

私は「失敗した社会主義」の経験からみても、マルクスの基本論をふまえながら、以下に述べることは最低限いえるのでないかと思います。スターリン体制の成立過程を克明に研究した溪内謙氏は「経験を捨象した思想」のもつ「説得力」には限界があると述べています（『現代社会主義を考える』）。もっともな指摘だと思っています。

●計画経済についていま何がいえるか

第一にいえるのは、社会主義の計画経済とは「市場」全体を常に「均衡」状態においておくことではないという点です。北フランスに生まれたワルラスという経済学者は資本主義の不安定性を克服するとして、複雑な数式を使って市場に「均衡」をつくる「一般的均衡理論」を創設しました。しかしこれは「均衡」が「不均衡」と不即不離の関係にあることや、資本主義社会の矛盾などをいっさい無視し、数式上の抽象的均衡をつくりだすものでした。そもそも完全な「均衡」とは静止状態を意味します。資本主義の経済的摩擦と混乱のアンチテーゼとして、「完全均衡」

を社会主義計画経済の「自己目的」だとすることは間違いだと思います。日本の実際の経済活動のなかで、あらゆる財貨とサービスを均衡状態におくということはありえません。

したがって第二に、社会主義の計画経済とは、国民生活の向上をめざす観点から、重要産業部門の経済活動を全国的規模で「調整」することにあるという点です。「均衡」より「調整」に計画経済の要があると考えます。このことによって、国全体の経済的混乱を基本的に克服することができます。また方向性をもって国の経済発展を誘導することもできるようになります。

第三に、市場に任す範囲と内容をどこにおくかは、その時の条件・情勢によって決まるという点です。

マルクスのいう事前の「社会的理性」をこのような計画化としてとらえてはならないという根拠は、ないと思います。またマルクスが基本的なことだけを述べ、どの範囲までを計画化するとか、その他具体的なことにいっさい言及していないのは、所有形態の問題とはちがいマルクス、エンゲルスの時代にはそもそも全国的な統計というものがなかったからであり、したがってまた経済の全国的規模での計画化の経験が萌芽的形態としても現れていなかったためだと思います。

以上のような重要部門の計画化による経済発展は、ある意味では先進資本主義諸国でもおこなわれてきたことです。日本でもこれまで大企業の利益のための経済発展の方向性をきめ（したがって国民に公害と国土破壊をもたらしたが）、それにそって経済を誘導し、そのための財政・金融政策をとり、各種の法的措置もとり、また官庁が十分な情報を大企業に与えながら、彼らなりの「計画経済」を進め「成功」させてきた事実があります。一九五五年の「経済自立五カ年計画」からはじまり、さまざまな政治的表現による「計画」をつくり、日本の重化学工業化、自動車・家電等の特定産業の輸出力強化、「地方の発展」を名目とした国土の巨大独占による利用とゼネコン奉仕、成長産業への低賃金労働力の豊富な供給を確保するための農業・漁業・中小零細企業からの労働力の移動等々をおこなってきました。

このことは生産の社会化と計画技量が日本では客観的には進んでいることを示しています。これを国民生活向上の計画に切り換えることは容易にできることだと考えます。

●計画作成の主体は労働者

また社会主義の計画経済について次のこともいえると思います。国あるいは中央計画当局は、労働者集団（企業）が自己の利益を追求する立場からつくる計画を、第一義的に尊重し、それを全国的に調整することが計画経済であるという点です。労働者が主体です。このことはすでに第一章の「マルクスの社会主義論」のなかで、『資本論』の該当箇所を引用して述べたところです。こうしてこそ社会主義・共産主義における労働者の「自由」と「創造性」が保障されます。これは無政府性克服と同時に、マルクスの計画経済論としてきわめて重要な点です。

にもかかわらず、これまでこのことがあまり強調されず、労働者の意見は聞くとしても、計画は国家が上からつくるものとされ、労働者はそれを遂行することが社会主義の計画経済であると一般的にいわれてきました。私自身も市民的政治的自由が保障されていれば、国家と労働者の矛盾は基本的にはおこらないと考え、その立場からこの説を補強することしかしなかった時期がありました。しかし経済的問題を政治問題と混同することはできません。これはレーニンを含めてソ連の経験が影響していた結果だと思います。

四、現代の労働者は企業運営の能力をもっている

すでに検討したようにレーニンの時代には、計算能力の問題は別にしても、労働者は自分の利益は考えるが、全国的な視野からみた利益を考えて計画を作ることができないとみなされていました。スターリンは農民を犠牲にした超工業化路線をすすめましたから、給料を引き上げて欲しい、消費生活を豊かにしたいという労働者の利益は無視されました。国家の目的・利益と労働者の利益とは背反し、計画は国家がつくることが当然視されました。スターリン以後のソ連も同様でした。

いま歴史的条件は大きく変化しています。現代の先進資本主義諸国の労働者、職員ははるかに広い、かつ高度の知識と技術能力をもっており、企業運営の能力ももっています。〝経営者より現場の労働者のほうが経営実態をよく知っている〟とよくいわれます。

また全国的視野を持つ訓練もうけています。いま資本主義のもとでも企業の「社会的責任」ということが強く求められるようになってきています。企業が労働者だけでなく消費者（労働者も企業の外では消費者になりますが）、地域社会、環境等にたいする責任も果たすようにしなければ、企業にとって重大な問題を引き起こすことは、最近の食品汚染問題の続発例をみただけでも明白です。ヨーロッパではEU委員会が、二〇〇一年に「企業の社会的責任に関する欧州枠組みの促進」という文書を作成し、ヨーロッパ内の経営者団体、労働組合、消費者団体、NGOに送付しました。ここでは企業の労働者、消費者、地域社会、環境に対する責任が明確化され、また労働者が企業の情報開示や企業との協議だけではなく、会社の意思決定に労働者を参加させることを求めています。

●日本での展望

日本でもいま次のような企業の社会的責任が求められていると思います（参照、『新・日本経済への提言』日本共産党経済政策委員会）。

①労働条件、雇用にたいする責任
②消費者にたいする責任
③地域経済にたいする責任
④環境にたいする責任

⑤土地利用にたいする責任
⑥中小企業にたいする責任
⑦海外で良き協力者になる責任

これを具体的に実現させるためには、労働者が下から企業運営に積極的に参加していくことが必要です。地域住民、地方自治体のかかわりも重要です。

その点では日本は新しい展望をもつことができます。日本では資本主義の枠内での民主的変革を通じて、国民合意のもとで社会主義へ進むことが展望されています。この民主主義的変革の過程で、労働者はさまざまな企業運営と計画化の訓練と経験をいっそう積んでいくでしょう。

こういう条件のもとで労働者が、自分の利益だけでなく全国民的利益を考量して、意識的に自主的計画をたて、全国的な調整をはかって、それを遂行していくことは十分可能です。国家の側から見ても、これまでの歴史にあったように国家が考える全国的利益と、企業・労働者の利益が大きく乖離するという状況もなくなっていきます。

いま社会主義の計画経済について語るとき、労働者は自分の利益しかわからない、企業もわからない、国家でないと社会的規模のことはわからない、という観念をきっぱりと捨てる必要があります。労働者が「主人公」というのは、こういうことでもあると思います。

五、再論——マルクスのいう計画経済とは何か

これまで計画経済についての私の考えを述べることを主眼としましたので、マルクスの考える計画経済について細部にわたっては言及できませんでした。二点だけどうしても述べておかなければならないことがあります。

●マルクスは上からの計画主義者だったか

私はマルクスは中央計画当局が一律の計画を立て、それを下におろし、労働者がそれを実行するのが計画経済であると考えたことはないと確信していますが、それとは違う意見が存在します。マルクスが『フランスにおける内乱』のなかで、つぎのように述べていることが、その証拠であるとしています。

「もし協同組合の連合体が一つの計画にもとづいて全国の生産を調整し、こうしてそれを自分の統制のもとにおき、資本主義的生産の宿命である不断の無政府状態と周期的痙攣《けいれん》〔恐慌〕とを終わらせるべきものとすれば——諸君、それこそは共産主義、〝可能な〟共産主義でなくてなんであろうか！」（全集一七巻、三一九—三二〇ページ）。

私はこの点で二つのことをいいたいと思います。一つはすでに述べたように各協同組合が立てた自分の計画を全国的に調整することは、必ず必要なことであるという点です。もしその必要がないというなら、資本主義と同様に生産の無政府性を克服することはできません。

もう一つは「協同組合の連合体が一つの計画にもとづいて」云々と述べていることを、ハイエクのいう中央計画当局が莫大な情報を集中して、あらかじめ一つの計画をもっていることと同じと見なすことはできないということです。協同組合の総体が、各組合の計画を一つの方向で調整するという意味であり、主体はやはり個々の協同組合であり、その総体が全国的調整をはかるということです。

マルクスが空想的社会主義者から学ぶものがあったとすれば、それはあきらかにフーリエの「協同社会」論がその一つであったと思います。このことは序章で述べました。フーリエは一八〇〇人からなる「協同社会」を基礎とする「諸協同社会」が未来社会だとしました。いくつもの「協同社会」がそれぞれ出発点であり、その連合体が未来社会であるわけであり、マルクスの表現はこれと非常に似ています。そのそれぞれの「協同社会」の活動は当然、「全国的調整」を必要とすることは、いま述べた通りです。

●マルクスは「一国一工場」主義者だったか

第二の問題はマルクスも、ある時期のレーニンのような「一国一工場」主義者であったかという問題です。そうみなす議論が実際にあります。もし一国に一つの工場しかないという状況を想定すれば、中央計画当局が全国の経済を整然と運営できることになるが、そういうことは実際にはできないのでマルクスの計画経済論は成立しないという議論です。

しかしマルクスはこういう立場をとっていません。マルクスは『資本論』のなかで、「工場制度の熱狂的な弁護者たち（ブルジョアジーのこと―引用者）」は、「社会的労働のどんな一般的な組織に向かっても、それは全社会を一つの工場にしてしまう」ものだと非難するが、それ以上に「ひどい呪いの言葉を知らないということは、まことに特徴的なことである」（全集二三巻a、四六六ページ）と述べています。素直に読めば「全社会一工場」といっているのは、「工場制度の熱狂的な弁護者」です。マルクスがそういっているのではありません。私はマルクスの社会主義像を「経済管理組織の高度な集権的なありかたの予見と直結」させるのは「正しくない把握」の仕方だとする意見（小野一郎『現代社会主義経済論』）に同感です。

マルクスの「計画経済」論は、いささかもソ連流「統制経済」を意味するものではなく、また「画一性」をおしつけるものでもありません。労働者集団の「自由」と「創造性」を発揮させるものです。

補論――ソ連式計画化の歴史的経過

参考のために旧ソ連の計画化が生まれた歴史的経過をごく要約的に見ておきます。

①革命直後は重要部門だけの計画化――鉄鋼、燃料、石炭などに限定。価値や貨幣などが否定されていたので、物財バランスだけを計画。列強諸国の干渉と内戦によって「戦時共産主義」を導入、「全ては前線へ」が生産の中心となり、ますます貨幣を媒介させることなく、直接的な生産物の投入が強行される。

②ネップ期（一九二一年から）に入り独立採算制をとる企業が、市場、価値法則を考慮にいれた計画を下からつくり、それを中央で部門間のバランスをとるように統一することを目指す。しかし計画経済の理論も計画作成の技術論も確立されていなかったので、単年度計画によって国の経済運営をはかる。

③一九二三年、全国的なバランスをとった、初の五カ年計画「案」を作成。

④その後、価値法則にもとづく均衡を考慮していると、国の根本的な社会主義的改造ができないとして、「変革をめざす均衡」論にもとづく計画作成の必要性を主張する意見がでる。「古い均衡」か「変革をめざす均衡」か、「量的拡大」か「質的向上」か、「価値法則」か「計画」か等々

をめぐって、学者間でさまざまな論争が長期にわたっておこなわれる。

⑤一九二七年、「古い均衡」論を排し、二三年案の発展テンポを引き上げた世界最初の、長期の第一次五カ年計画を決定。これは物財バランス、価値バランス、労働資源バランスからなるものであった。

⑥一九二九年、スターリンは「均衡論」を唱えていたブハーリンを「右翼的偏向」と断罪、党中央から放逐（後に殺害）。計画化の面でも「大転換」をはかり、限られた資源のもとで農民と消費者を犠牲にし、価値法則を無視した超工業化計画を実行する。物財バランスが重視され、価値バランスは軽視されていく。

⑦第二次五カ年計画（一九三三年～一九三七年）では、以上の傾向がさらに強化され、企業の管理・運営の中央集権化、指令化を強化。

⑧第三次五カ年計画では、戦争の危険性の増大とともに国防に重点がおかれ、物、人間の管理の集権化が一層強まる。

⑨戦後も復興のために同様な計画化がおこなわれた。こうして計画作成にあたって価値バランスはつくられるものの、「物量」を第一義的に志向し、効率性、弾力性という側面が無視されることが、ソ連経済に定着する（参考　木原正雄・長砂実編『現代社会主義経済論』、同編『現代日本と社会主義経済学』上、下）

⑩スターリン批判以後、若干の改革はあったものの、ブレジネフは「計画は法律」であると宣

言し、その遂行を国民にせまる。

大筋は以上のようなもので極度の行政主義、物量主義を引き起し、ソ連経済の衰退と崩壊につながった。

六、社会主義・共産主義でも市場経済は残るか

「市場経済を通じて社会主義へ」の道で、最後に検討しておかなければならない問題として、それでは社会主義・共産主義社会では市場はどうなるのか、残るのか残らないのかという問題があります。私は自分で展望しうるかぎりの射程で計画化についての私の意見を述べました。そこでは市場は残っています。しかしそれ以上のことを展望することはできません。したがって以下に述べることは問題点を紹介するという性格のものです。

●エンゲルスは?

エンゲルスはさきにも述べたように『反デューリング論』のなかで、生産手段を社会が掌握すれば、Aという生産物とBという生産物にどれだけの労働時間が必要であったかは、社会はすぐ分かるので、「価値」の仲だちによらなくとも、万事を「しごく簡単」にやっていけると述べま

した。市場は必要ではないし、残らないとみていい主張でした。

ところでエンゲルスはそう述べた直後に「注」をつけ、「生産についての決定をおこなうさいに効用と労働支出とを比較秤量することが、経済学の価値概念のうちから共産主義社会に残るすべてである」（『反デューリング論』全集二〇巻、三一九ページ）と述べています。さらにエンゲルスは同じ『反デューリング論』の別のところではつぎのようにさえ述べています。

「複合労働の生産物の価値は、……単純労働の一定量で表現される。しかし、複合労働のこういう換算は、生産者たちの背後で、一つの社会的過程によって」（同上、二〇五ページ）おこなわれる。

「一つの社会的過程」とはなにか。マルクスは商品交換は太古の昔から共同体間でおこなわれていたことを説明しながら、「交換の不断の繰り返しは、交換を一つの規則的な社会的過程」（『資本論』第一巻、全集二三巻a、一一八ページ）にすると述べています。そして「時がたつにつれて、……（生産物の一部は）はじめから交換を目的として生産され」る（同上）としています。すなわち「市場」目当てに商品として生産されるということです。このことから「一つの社会的過程」とは結局、「市場」のことになります。ですからここでは、エンゲルスは「価値概念」も「市場」も残るといっていることになります。

●マルクスは？

マルクスは初めから計画が簡単にできるといったことは述べていません。またマルクスは『資本論』のなかで理論的には熟練労働を単純労働に換算することはできるが、実際には「一つの社会的過程によって生産者の背後で確定」（全集二三巻a、六〇ページ）されていると述べ、結局は「生産者たちにとっては慣習によって与えられたもののように思われる」（同上、六〇ページ）としています。

それではマルクスは未来社会でも「価値概念」が残るという立場に立っていたのでしょうか。マルクスがそう暗示しているのではないかと思われるのは、多くの論者が指摘しているように、あの膨大な著作のなかで二カ所と一通の手紙のみです。

一つは『ゴータ綱領批判』です。マルクスは共産主義の低い段階では、労働者の消費物資を含めて物と物とは等しい労働量にもとづいて交換されるので、ここでは明らかに、「商品交換が等価物の交換」となるのと「同じ原則が支配している」（全集一九巻、二〇ページ）と述べています。すなわち物と物との交換は、同じ量の労働にもとづいておこなわれるという価値法則は残ると言っています。

もう一つは『資本論』です。マルクスは資本主義社会のあとの社会でも、「社会的生産が保持されるかぎり」、労働時間を規制したり、いろいろな生産部門にどう労働を配分したらいいか、最後にそれに関する簿記が以前よりもいっそう重要になるので、「価値規定は……やはり有力に作用するのである」（全集二五巻b、一〇九〇ページ）と述べています。

一通の手紙とはマルクスがクーゲルマンにあてた手紙です。

マルクスは社会の総労働を、いろいろな欲望の量におうじて、一定の割合で配分することは、どの社会でも必要な根本条件であると述べたあと、「自然の諸法則というのはなくすことができないものです。歴史的にさまざまな状態のなかで変わり得るものは、それらの法則が貫徹されていく形態だけなのです。……価値法則がどのように貫徹されていくかを逐一明らかにすることこそ、科学なのです」（全集三二巻、四五四ページ）と述べています。

しかしマルクスが『資本論』その他で想定した未来社会は、「商品世界」を否定した社会であり、価値法則を残す社会ではありませんでした。そのことを示す例を一つだけ引用します。さきと同じ『ゴータ綱領批判』にでてくる言葉です。

「生産手段の共有を土台とする協同組合的社会の内部では、生産者はその生産物を交換しない(強調―引用者)。同様にここでは、生産物に支出された労働がこの生産物の価値として、すなわちその生産物にそなわった物的特性として現われることもない」（全集一九巻、一九ページ）。なぜなら、この協同組合的社会では、資本主義社会とは違って、一人一人の労働者の労働は、初めから社会にとって必要な労働であることがわかっており、資本主義社会のように市場に生産物を出してみてはじめて、他の生産物と交換されるかどうかがわかるのではないからだと理由を説明しています。

結論的にいうと、社会主義・共産主義社会で市場は残るのかどうかという問題の答えを二人からえることはできないということです。

●私の感想

一言だけ私の感想をいうと、「交換」がおこなわれないような社会がくるのかどうか、生産力が飛躍的に発展して好きなものを好きなだけ自分のものにすることができるような社会があるのかどうか――このあたりに問題の核心があるように思います。「交換」という行為が伴うなら、未来社会でも「価値」と言っていけないなら、「価値のような何か」は残るし、残るとすれば「市場」か、それに代わる「何かの機構」が必要になるということです。このことに現実的な判断が示せるようになるのは、未来の、またその未来の世代でしょう。しかし、このことをめぐって日本でも世界でもこれまでどれほど多くの論争があったことでしょうか。マルクスが歴史の審判台で、自分のことをおおいに議論して欲しいというなら、これこそ最大のテーマであったことをマルクスも知って欲しいとは思います。しかし私は未来社会について科学的に考える道筋を、ここまで開いたことで、マルクスは十分に自分自身を「弁明」することができるのではないかと思います。

第6章 資本主義の限界と社会主義の展望

最後にもう一度、現実の問題に目を移しましょう。アメリカの金融危機からはじまった世界同時不況は、いま深刻な影響を世界各国にあたえています。資本主義を徹底的に批判し、そのなかから社会主義の諸要素を発見していくという、マルクスの理論のアクチュアリティは、今日の事態そのものがなによりもよく示しています。まずヨーロッパのリーダー達がこの事態をどうとらえているのか、特徴的なことをみてみたいと思います。

一、ヨーロッパのリーダーとマルクス

ドイツのシュタインブリュック財務相は、ドイツの週刊誌『シュピーゲル』（二〇〇八年九月二九日号）とのインタビューでつぎのように述べています。

●ドイツ財務相とマルクス

編集部――資本主義はどれほど耐えられるのでしょうか。

財務相――一般的に、マルクス理論のある部分はそれほど間違っているわけではないというべきでしょう。

編集部――それをしかもあなたの口からとは。

財務相――どんな行き過ぎも弁証法的な意味で対立物、アンチテーゼをつくりだします。度を越えた資本主義は、――私たちはその貪欲さを含めて体験してきたのですが――結局のところ自ら腐食していくのです」。

●元イギリス首相ブレアーの嘆き

イギリスの雑誌『タイムズ』（二〇〇九年二月二日号）は、「マルクスを考え直す」という特集を組んでいます。副題には「いかにして資本主義を救済するかを解くために、体制の最も偉大な批判家を研究する値打ちがある」と書かれています。「はじめに」で述べたように、最近ヨーロッパでも「マルクス再評価」の動きがでてきていますが、特徴的なことは左翼からだけでなく、このように経営者側の関心からもでてきていることです。これまでの近代経済学では資本主義制度の仕組みは分からない、この制度の最大の批判家・マルクスからそれを学ぼうというわけです。

『タイムズ』は今回の金融危機にあたって「何をなすべきか」という問いにたいし、イギリス労働党のブレアー元首相は、「最も誠実な答えは、〝私は知らない〟である」と答えていると伝えています。ブレアー氏は資本主義もだめ、社会主義も社会民主主義もだめとし、「第三の道」をいくと述べてイギリス政界に颯爽と登場しましたが、何も変えることができず、イギリス労働党の党首をやめました。そしていまや何も分からないと嘆いているわけです。

●サルコジ仏大統領の資本主義救済策

『タイムズ』の特集はフランスのサルコジ大統領がつぎのような救済策を述べたと紹介しています。「私は資本主義の創造力を信じている。しかし私は、資本主義は道徳観なしに、多様な精神的価値の尊重なしに、ヒューマニズムなしに、国民を尊重することなしには、生き残ることはできないと確信している」。『タイムズ』はこのような「レトリック」は、長いあいだ「新自由主義」と「グローバル化」に「懐疑的」であったフランス国民には受け入れられるのかもしれないが……とのコメントをつけています。

しかしいくらフランスの資本主義が日本のそれより「マイルド」であるとはいえ、はたして「道徳観」、「多様な精神的価値の尊重」、「ヒューマニズム」、「国民尊重」という価値観をもった資本主義というのはありうるのでしょうか。あるのかないのか、フランスの大資本とその政治権力をぎりぎりのところまで追い詰めていくフランス国民の闘いが事実で明確にしていくでしょう。そしてその先に新しい展望をはっきりとみるでしょう。

それにしてもマルクスが、自分の祖国であるドイツの財務相が自分の理論には正しいところもあると認めていることを聞けば、『共産党宣言』を書いてから「この二五年間に事情がどんなに大きく変化したにしても、この『宣言』のなかに述べられている一般的な諸原則は、だいたいにおいて今日でも完全に正しい」(「『共産党宣言』のドイツ語版への序文」全集一八巻、八七ページ)と思っていたが、〝二一世紀に入っても正しいところがあるのか〟と驚くに違いありません。またイギ

リスのブレアー元首相には「世界を……解釈」ばかりしていないで「肝腎なのはそれを変えるこ
とである」と言うだろうと思います。そしてサルコジ大統領にたいしては、フランスには「空想
的社会主義者」がいたが、いまでは「空想的資本主義者」がいるのかと言うだろうと思います。
ちなみにこの特集のリードは、第一章で引用した『共産党宣言』の言葉――〝近代ブルジョア
ジーは魔法の力で地下から呼び出してきた、巨大な生産力を自分ではもう管理できなくなった魔
法使いににている〟が付けられています。

二、「金融の危機」か「資本主義の危機」か

今回の金融危機と世界同時不況は、これまでのアメリカ資本主義の深刻な姿を浮き彫りにして
います。私がいうと「イデオロギッシュ」に聞こえるかもしれませんので、別の方に登場しても
らいます。私の立場と全く正反対の憲法九条改正論者であり、ニューヨーク、ロンドンで長年、
日本の銀行マンとして世界の金融業に直接関与してきた堀川直人氏は、金融危機がおそった直後
に出版した本のなかでつぎのように述べています。
――アメリカは一九八〇年代あたりから、「安い人権費」を求めて産業が国外に移転し、国内
産業は空洞化した。いま国内に残っている製造部門は「軍事・航空・宇宙・ハイテク・バイオな

どの戦略的な先端技術産業と、伝統的な自動車産業ぐらいになってしまった。後は、農業のような第一次産業と、飲食・小売りなどのサービス業（第三次産業）、および金融業しかない」（『ウォール街の闇』）――

私もほぼ同様なことを金融危機の始まる前に雑誌『季論21』秋号に書きました。今回の危機で自動車産業のビッグ・スリーが破綻し、またこの三〇年近くの間アメリカが最大の力点としていた金融業が破綻しました。残るのは軍事産業とそれに関連したＩＴ産業などになってしまいました。

軍事を除いて、アメリカが頼りにしていた自動車と金融が破綻したことは、アメリカにとって単なる「金融の危機」とだけ言ってすまされるものではありません。まさにアメリカ資本主義が構造的な行き詰まりにきたことをはっきりと示しています。『ランダムハウス英和大辞典』によれば、「ｃｒｉｓｉｓ」（危機）とは医学的にいうと「重い病気が回復するか、死に向かうかの決定的な変化の起こる境目」のことを意味します。ブッシュ前政権は七〇〇〇億ドル（七七兆円）の国家資金（アメリカ国民の税金）を投入する「延命措置」を決め、アメリカ「帝国」が灰燼に帰するのをくい止めようとしました。すでに述べたようにこの額は二〇〇八年の日本の一般会計予算総額にほぼ匹敵する規模のものです。アメリカがいかに大きな国であるとしても、いまでも一応「経済大国」である日本の国家予算一年分位の金をつぎ込むということは、比喩的にいえば有償での「国有化」とでもいえるものです。実際アメリカの金融大手シティグループは政府の管理下におかれました。

資本主義は自動的に崩壊するものではありません。アメリカの金融と自動車産業は、莫大な国家の支援をうけ必死の「延命」をはかろうとしています。しかし、かりに現在のアメリカの階級間の力関係のもとで資本の側が「延命」に成功したとしても、それはアメリカ資本主義がまだまだ「余力」をもっていることの証明にはなりません。そう考えるなら、それはドイツの財務相のほうが見識が高いといえるでしょう。

三、マルクスの理論が金融危機の事態も解明している

ところでなぜ金融が主役になって今度の世界同時不況がおこったのでしょうか。先の堀川氏は「汗水たらして働く製造業中心の経済を〝実の経済〟と呼び」、それとは違って「カジノを開いてショバ代を稼ぐ金融中心の経済」を「虚の経済」と呼ぶとすると、現在の資本主義世界では、後者のほうがこれまでは「効率よく手数料を稼ぐ」ことができたが、しかしそれはいつまでも続くわけではないために「虚の経済」も破綻したからだと説明しています（前掲書）。

このこともやはりマルクスが、見事に科学的見地から明らかにしています。しかもマルクスの鋭さは、この金融（信用制度）ということからも社会主義へ向かう要素が生まれてくることを解

明していることです。まずはなぜ「汗水たらして働く製造業」に投資が向かわず、「虚」のほうに向かったのでしょうか。

●マルクスが発見した利潤率の傾向的低下の法則

それは製造業が生産を拡大し利潤を追求すればするほど、利潤率がだんだんと低下するからです。少し理屈っぽくなって恐縮ですが、もし労働者の数が同じで、労働時間も同じであるなら、生産を拡大して一層の利潤増大をはかるためには、機械設備、材料などの生産手段を改善し近代化する以外に方法はありません。さらに他社に勝つためには機械類等の近代化は不可欠です。利潤率というのは投下した資本にたいし、どれだけ儲け（利潤）があったかを比べて決まります。ですから労働者に払う賃金が同じであれば、生産手段を近代化する資本がますます大きくなり、その結果、「一般的利潤率の傾向的低下を生みだす」（『資本論』全集第二五巻a、二八二ページ）わけです。これはマルクスが発見した法則であり「利潤率の傾向的低下の法則」と呼ばれます。とくに今日では科学技術の発展は日進月歩ですから、大企業の研究・開発にかける費用は莫大なものになっています。

もちろん利潤率は低下しますが、生産規模を拡大しますから絶対的な利潤量は増大します。また他社との競争で勝っている間は特別超過利潤も獲得できます。しかし利潤率の低下を利潤量の増大でいつまでも「埋め合わせる」（同上、三二一ページ）ことはできません。近代的機械設備が社会的に一般的なものとなれば、また一層発展した機械設備に更新しなければならないからです。その結果また利潤率は低下します。

ただマルクス自身が認めていることですが、この法則は新しい機械の導入による労働者の「搾取度の強化」、「労賃の引き下げ」、生産手段の「低廉化」をはかるなどの「反作用」をともない、法則は若干緩和されることがあります（同上、第一四章）。しかし緩和されることがあるからこそ、「傾向的低下」と呼んできたのだ（同上、二九一ページ）と述べ、マルクスは正確さを期しています。

こういう「反作用」は十分念頭に入れておく必要がありますが、いずれにせよ何年かの単位でみていくと、利潤率は低下していきます。資本主義は「利潤第一主義」で経済活動をする経済体制なのに、利潤を追求すればするほど利潤率が低下するというのは、これほど資本主義にとって非情なことはありません。これはまさに資本主義の根本矛盾です。

●今日でも貫かれている法則

この法則は今日でも貫かれています。工藤晃氏は「反作用」を考慮しつつも、日本では一九六〇年代の異常成長期を除いて五年単位の平均値でみると、利潤率は鉱工業生産の分野で六〇年代初めの一七・五％（異常値）から七〇年代の八・一％、八〇年代の六・四％、九〇年代の四％、二〇〇四年の三・六％へとあきらかに傾向的に低下し、それにあわせて鉱工業生産が低下していることを事実で明確にしています。同様なことが五年単位でアメリカ、ドイツ、フランス、イギリスでも起こっており、「資本主義大国のチャンピオンが……長期的傾向としては、そろって停滞的になっている」と指摘しています（『経済学をいかに学ぶか』）。ちなみに日本の「内閣府経済社会総合研究所」も、理由づけは違いますが、一九七〇年時点から今日にいたるまでを、五年ごとに見ていくと明らかに利潤率が低下していると述べています（『論争　日本の経済危機』）。

そうなると資本はもうけのいい部門に投資を切りかえます。それが金融部門であるとは、論理的、理論的にいえるものではありません。マルクスもそういう論理で金融（信用制度）の問題を論じているわけではありません。

しかし事実の面からみれば、堀川氏のいうように金融部門に投資が向けられました。三菱ＵＦＪ証券参与の水野和夫氏も「長期にわたって利潤率が低下」したので、土地や投機に資本は移ったと指摘しています（『人々はなぜグローバル経済の本質を見誤るのか』）。

しかしなぜこれほど金融が実体経済から離れてしまったのでしょうか。

四、なぜ金融は実体経済からこれほど乖離するのか

堀川氏のいう「実の経済」、「虚の経済」という言葉をそのまま使うと、一九九〇年に世界で後者すなわち金融資産は、前者すなわちＧＤＰの一・七倍だったのが、二〇〇六年には三・二倍に

なっているといわれます（雑誌『経済』二〇〇九年三月号、建部正義「〝世界金融危機〟が意味するもの」）。実際今回の金融危機が起こる前には実体経済（ＧＤＰ）より三倍多い約一五〇兆ドルの過剰資本が投機マネーとして世界を荒らしまわっていました。なぜこれほどまでに両者の乖離が生まれるのかは、金融活動の元になる信用制度（銀行）を検討してみなければなりません。信用制度は理解するのに非常に難しい問題ですが、私の経験でいくとその発展の歴史をみていくのが一番理解しやすいように思います。

●高利貸しから銀行へ

資本主義以前から資本が高い利子を生む高利資本が存在し、職業的には高利貸しがいました。農民や小生産者に金を貸し付け暴利をむさぼりました。これは封建制度のもとであろうとなんであろうと生産様式はどうでもよく、彼らに「寄生虫として……吸いつ」いて（『資本論』Ⅲb、全集二五巻b、七七〇ページ）いました。しかし資本主義が発展していくとそうはいきません。モノをつくる産業資本家は高利貸しを放逐し、「利子産み資本を産業資本に従属させようと」して（同上、七七八ページ）、近代的信用制度である銀行制度を生みます。

●銀行が搾取制度の頂点へ

こうして銀行が生まれ、銀行が産業資本家に金を貸し、生産力の発展を助ける役割を果たすようになります。そして商品が市場で回転しているうちは万事が順調です。ところが産業資本家は、利潤率が下がるのを利潤量で補完しようとし、また他社との競争に打ち勝つために、自己資本が十分でなくとも銀行が金を貸してくれるのでますます借りるようになります。銀行も利子が多く入るということで産業資本家に貸し出すだけでなく、産業資本家をけしかけるようになります。そのうちに産業資本が資本主義の「主役」であったはずなのに、逆に銀行資本が資本主義の「主役」に変わっていきます。マルクスは銀行が産業資本家を助けるという本来の「控えめな助手」（全集二三巻b、八一七ページ）から、産業資本家の上にたつ「巨大な社会的機構」（同上）になると述べています。こうして信用制度（銀行）は産業資本家が労働者を搾取して得た剰余価値を、産業資本から出来るだけ多く引き出し、資本主義の搾取制度の頂点に立つことになります。

●カネがカネを生むという観念が生まれる

こうなると利子は、産業資本家が労働者を搾取して得た剰余価値の一部であるにもかかわらず、貨幣資本は自己増殖するものであるかのように思われ、利子は生産過程からは全く独立し、「資本の本来の果実として、本源的なものとして現」れるような考えが生まれ、そのような「観念も完成」（全集二五a、四九二ページ）されていきます。簡単にいうと「カネがカネを生む」という観念・思想が生まれます。

マルクスはここに信用制度（銀行）が「最も巨大な賭博・詐欺制度」（同上、五六三ページ）になる基礎があると述べています。実際これは「新しい金融貴族」や「新しい種類の寄生虫」(同上、五五九ページ）を産み、詐欺師とペテン屋が暗躍することになります。

●現代の錬金術

またここからカネがカネを生み出す各種の金融詐術が生まれ、現在では銀行は証券化した各種の金融派生商品を開発して、売りだしています。近代経済学はこのことを「金融工学」と呼んでいます。信用制度（銀行）は、まさに「巨大な賭博・詐欺制度」に転化してしまいました。アメリカでサブプライムローン問題が発覚した後、約三カ月間に経済犯として告訴された詐欺師とペテン屋は四〇〇〇人を越えています（神谷秀樹『強欲資本主義ウォール街の自爆』）。

実体経済から金融活動が乖離していくのは必然であることがわかります。

この点では株式会社の役割が重大であることを付け加えておかなければなりません。株式は株主が将来の配当を期待して持っている「架空」資本です。それがまた売買されます。株式会社の発展はこの「架空」資本をますます増大させます。したがって金融活動を実体経済からますます乖離させる株式会社の重大性があるわけです（「架空」資本については、『資本論』第三巻、第五編第二五章、二九章を参照のこと）。

●金融は一人歩きはできない

しかし重要なことは金融がかぎりなく実体経済から乖離し一人歩きすることはできないことです。マルクスが指摘するように利子は産業資本が取得する剰余価値の一部ですから「利子の最高限界（は―引用者）……利潤そのもの」（同上四四七ページ）であり、利子がそれを上回ることはないからです。また、信用制度はすでに述べたように産業資本を煽動し、「過剰生産」を産みだし、それは結局消費との矛盾を拡大し恐慌となって爆発するからです。金融活動は、生産過程と切り離すことができないことを、ぜひ確認しておく必要があります。マルクスは以上のようにして、金融危機の本質も明らかにしていました。

五、金融危機と社会主義への過渡形態

ところが先に述べたようにマルクスは、信用制度（銀行）が資本主義を「最も巨大な賭博・詐欺制度」にまで発展させるが、もう一方で「新たな生産様式（社会主義のこと―引用者）への過渡的形態をなすという性格」（全集二五巻a、五六三ページ）をもつようになると述べています。こういう点がマルクスの鋭さです。なぜでしょうか。

●「賭博・詐欺の制度」と社会主義

第一に、信用制度は産業資本家が自己資金を十分もっていなくても、生産規模を拡大することができるように資本の貸し付けをおこない、従来国家がやっていたような巨大な企業まで産みだすからです。これはもう「社会企業」ともいえるものです。マルクスは信用制度は「個人資本には不可能だった企業」をつくりだし、「個人企業に対立する社会企業」（同上、五五七ページ）を出現させるからだと述べています。

第二に、株式会社は資本と経営の機能を分離し、資本家を「解消」する状況をつくりだすので、株式会社は社会主義への過渡的形態になることについては、第一章で述べました。信用制度は資本を貸しつけることによってその株式会社をつくるのにもっとも適しているからです。マルクスは信用制度は株式会社の形成を促進する「主要な基礎」（全集二五a、五六二ページ）であると指摘しています。また資本を廃止する協同組合企業を「拡張する手段をも提供する」（同上）からだとも指摘しています。

第三に、株式会社は資本が経営機能から分離し、労働も生産手段と剰余価値から分離され、所有形態としては社会的なものになるような「資本主義的生産の最高の発展」（同上、五五七ページ）をもたらします。すなわち真の社会的所有へ転化する「通過点」（同上）となります。信用制度はこういう株式会社を形成し発展させるからです。

マルクスはこのように「賭博・詐欺」の制度のなかに、社会主義的要素を発見したのです。ドイツの財務相は「どんな行き過ぎも弁証法的意味で対立物、アンチテーゼをつくる」と述べています。資本主義に体制として代わりうる対立物とは、社会主義のことではないでしょうか。金融面でもマルクスはいままさに蘇っているということができます。

●国有化とエンゲルスの洞察の深さ

さきにブッシュ前政権が日本の国家予算規模に匹敵する規模の国家資金の投入を決めたことは、比喩的にいえば「国有化」だと述べました。アメリカの金融危機はただちにヨーロッパの金融界にも広がり、アイスランド政府は二〇〇八年一〇月、アイスランドの全ての大手銀行を国有化しました。アイルランドでも国有化がおこなわれ、イギリスも一部大手銀行を国有化しました。ヨーロッパ大陸では国家が金融機関の株主となり、国家の役人が銀行等の運営に参加するという形態がフランス、ドイツなどでみられました。しかし最近の報道ではドイツ政府が金融機関国有化法案を閣議決定しています（『読売新聞』二〇〇九年二月二〇付）。

ここで思い出されるのは、エンゲルスが「国有化が経済的に避けられないものとなった場合、ただその場合にだけ、国有化は、今日の国家がそれをおこなっても、一つの経済的進歩を意味」（全集一九巻、二二八ページ）すると述べたことです。もちろんブッシュ前政権やヨーロッパ諸国の政権の措置が、このエンゲルスの言葉で正当化されるものではありません。それは大金融機関の無責任さを放置し、自分が招いた失敗の責任を国民におしつけるものです。エンゲルス自身が、

「近代国家」は資本主義の国家であり、国有化は「ますます多くの国民を搾取するようになる」（同上、二一九ページ）としています。

しかしエンゲルスの鋭さは、国有化によって資本主義の生産関係は「絶頂にまでのぼりつめ」、もうこれ以上は「社会が公然と、あからさまに掌握するよりほかには道がない」（同上）ところにまで問題を押し上げ、どこに真の問題解決の手がかりがあるかを「形式的」（同上）ではあっても示しているといると述べていることです。

マルクス、エンゲルスの鋭さは資本に奉仕する経済的措置のなかに、つぎの社会への契機を見いだすという、矛盾の二つの側面を見抜くところにあります。いまもしヨーロッパ諸国の政権が、国民の利益に基本的には奉仕する民主的政権であるならば、「国有化」の措置がそれぞれの国の民主的改革の前進となり、資本主義制度を浸食していくことになるのは確かなことです。エンゲルスの指摘を、一度は現在に置き換えて考えてみることは、無駄なことではないでしょう。

現在の状況は大独占資本に奉仕する政権か、国民生活防衛と向上に奉仕する政権かの闘争を世界的規模で提起しているといえます。

六、世界の国民生活のかつてない深刻化

資本主義は結局、労働者をいためつけ、国民を深刻な事態に陥れることを、マルクスは克明に分析しましたが、今日の資本主義はまさにそのことを証明しています。資本主義である以上、先進資本主義諸国のどの国でもそれがいえます。

●アメリカの状態

金融危機の震源地であるアメリカでの国民生活の危機は深刻そのものです。アメリカでは一九三〇年代恐慌の時代に「社会保障法」（一九三五年）ができました。名前が「社会保障」とついているので、いかにもアメリカが世界最初に「社会保障制度」をつくったかの印象をあたえますが、これは全くちがいます。労働条件にかんする規定が含まれていることは確かですが、日本でいう「生活保護」制度をつくっただけで、日本やヨーロッパにある国民皆保険制度は全く確立されませんでした。クリントン政権の時代には〝アメリカから怠け者をなくす〟といって「生活保護」制度も廃止してしまいました。先にあげた堀川氏の説明を少し聞きましょう。

――アメリカでは数十年前からの産業空洞化により、ブルーカラーの就職口がなく、アルバイ

ト、非正規社員が増大してきた。二〇〇万人の億万長者がいる反面、二〇〇〇万人の貧民が存在するのが、アメリカ社会であり、たった一％の富裕層が全米資産の六〇％を所有している。医療問題は実に深刻だ。国民皆保険制度がないため、民間の保険会社に入る。普通は企業が民間の健康保険に入り、社員はその保険でカバーされる。しかしいままでは過当競争による事業悪化のため企業は、この保険制度を打ち切っている。こうしていま四六〇〇万人の無保険者がいる。これは日本の人口の半数近くになるという膨大な数であり、中間層にも及んでいる。医者は金がないと見ると病人の治療をやめてしまう。地域の救急医療センターはこうして放置された貧民であふれかえっており、本当に緊急を要する患者が数時間またされる（『ウォール街の闇』）――

こういう状態のもとで金融危機が起こり、いまアメリカ労働省の発表によれば二〇〇八年一一月の就業者数が前月比で五三万三〇〇〇人も減少（『朝日新聞』二〇〇八年一二月六日付）するという、大量解雇の波がアメリカ国民を襲っています。一日で六万人のリストラがおこなわれているという報道もあります（『読売新聞』二〇〇九年一月二七日付）。これがアメリカ国民にとってまさに危機そのものであることは、言うまでもありません。

●求められる日本の対米従属からの脱却

今回の世界同時不況が日本の国民にとっては、「派遣切り」、「雇い止め」、「中小企業の倒産」等々として国民に襲いかかっていることは、「はじめに」で述べた通りです。したがってここでは繰り返しません。ここで強調しておきたいことは、いま述べたようなアメリカに従属している状態からの脱却が、どうしても必要であるという点です。

堀川氏によればクリントン政権以来の対日経済要求はひどいものがあります。アメリカは日本にたいし「年次要望書」を送りつけ、「構造改革」や「公共事業への投資額」にまで要求をだすだけではなく、細かい要求項目を提示してきています。大きな項目としては日本の国民皆保険をやめ、アメリカ並の自由診療制度にすべしという要求項目もあるそうです（前掲書）。これで誰が得をするかは明白で、アメリカの保険会社です。

山家悠紀夫氏（元第一勧銀総研専務理事）によれば、要求は実に細かく、例えばアメリカでは発売されている医薬品を、日本ではまだ製造・販売してはならないといった項目まであるそうです（二〇〇八年夏の岩波ホールでの講演）。要求項目は二〇〇項目近くもあり、日本の各官庁は「年次要望書」がくると、行政の内容を変えたり、関係企業に提示し実行をせまっていきます。

このような状態から一日も早く抜け出さないと、アメリカが今回の危機のもとで日本国民にどれほどの要求をつきつけてくるか分かりません。

●西ヨーロッパ諸国の状況

西ヨーロッパの「セーフティーネット」が日本とは比べものにならないほど、しっかりしていることは周知の通りです。西ヨーロッパの人は冗談もこめて〝ドイツの失業者はポーランドの就業労働者より豊かに暮らしている〟と言います。各国政府も労働者の解雇問題について、企業に厳しい態度でのぞみ、日本のような勝手なリストラをやらせないようにしています。日本もはやくヨーロッパ水準の「ルールある資本主義」に引き上げなければなりません。

しかし西ヨーロッパ諸国も資本主義国である以上、今回の同時不況は重大な影響を国民に与えています。フランスのルノーはフランス国内で五〇〇〇人のリストラ計画をつくり、スペイン日産はバルセロナ工場で五八〇〇人のリストラ計画を打ち出し、ドイツのベンツは二〇〇九年一月から週三日ないし四日の操業短縮を決め、これに関連する労働者は三万五〇〇〇人に及ぶとのことです。

私のイタリア人の友人ロレンツォ・ジャノッティ（元イタリア共産党トリノ県委員長・元上院議員）は、二〇〇九年二月一日のメールでEU諸国（東欧を除く）について簡単につぎのようなメモを送ってきました。

——フランス、ドイツ、スウェーデンの政府が雇用をまもる方針をとっていることは確かだ。しかし事態は深刻だ。失業問題が重大化している。EU諸国では失業保険はしっかりしているが、「期間労働者」には失業保険がない。ギリシャでは失業した若者が反乱をおこした。スペイン、ポルトガル、アイルランド、アイスランドの事態も深刻だ。フランスの公務員労働者はサルコジ大統領の危機対策に反対して、ストライキを打った。イギリスでは大銀行は国有化された。

今回の事態が起こる以前のことですが、私の質問に答えて彼が伝えてきたメールによれば、ヨーロッパでも「短期間労働者」が増大しており、正規社員もいつ格下げされるかわからないこと（但しヨーロッパでの非正規社員は一割台、日本は三割台）、医療・福祉・年金等改悪の政府と企業からの「プレッシャーは相当」なものになっており、それにたいしフランスでは労働者のストライキが打たれ、イタリアでも大規模な集会がおこなわれていること、健康、医療、年金制度の「民営化」――私的保険化（いわゆるアメリカ型）への移行が主張されることもあるが、これは「公正」さを求める国民の力によってはねのけることが可能とのこと、社会の二極化がすすんでいること等々、日本と同じ国民生活上の問題がおこっています。

イギリスの元オックスフォード大学経済学部長・アンドルー・グリン氏は著書『狂奔する資本主義』のなかで、日本の非正規社員問題はヨーロッパに「興味深い反応」を呼び起こし、ヨーロッパの企業も経済状態の悪化につれて、非正規社員を拡大していく政策をとるようになっていると指摘しています。これが企業にとって「経済的合理性」があったとしても、「より広い副作用については考慮されないのが、……通例である」と述べています。福祉・医療・年金等についてグリン氏は、ヨーロッパ全体にとって一九五〇年代から七〇年代は福祉の「黄金時代」だったが、いまは全般的に後退していると述べています。

そしてこれまでの「福祉国家」をどう維持するかに論を進め、法人税の強化・高所得者への課税の強化を主張しています。それでは国際競争力を失うという議論があるが、それは「昔からの」議論であり、競争激化のために「福祉国家」を維持できなくなったというのは、歴史的根拠がない、企業・高所得者への課税を三〇％引き上げたとしても、それが彼らにとって「厳しくはあるが没収的な課税とはほど遠い」であろうと述べています。

国民生活の水準が日本より高い西ヨーロッパでも、高い水準なりに日本と共通した諸問題にぶつかっているわけです。ヨーロッパでも資本の攻撃から国民生活を防衛する、さまざまな形の闘争が展開されていくでしょう。それを通して問題の根本的な打開の道として、社会主義への探究に向かわざるをえなくなることは明確であると思います。今回の金融危機と世界同時不況は、資本主義の限界性をヨーロッパでも示しています。

いま日本を含む先進資本主義諸国の状態は、それぞれの国の国民が当面する諸問題の解決のために闘いながら、大局的には社会主義へ進んでいくという、「社会主義の新たな可能性」を生んでいることは確かであると確信します。

終章 日本における「新たな社会主義」

現在の日本では、資本主義の枠内で民主的改革を進めることが最も重要な課題であることは繰り返し述べてきました。しかしマルクスの理論を解明することを目的とした本書の最後で大局的見地にたって、日本の社会主義がどのような新しい特徴をもちえるかについて述べ、締めくくりとしたいと思います。

●今日における社会主義探究の基本的態度

マルクス、エンゲルスがそうしたように、日本で社会主義を探究する場合、基本的には前章でみたように、今日の資本主義の矛盾の深化を鋭く暴露・告発するとともに、そのなかから新しい社会である社会主義の諸要素を発見していくことが重要です。これが基本的態度です。そこにはマルクス、エンゲルスも知らなかった未来社会の諸要素があるはずだからです。この探究こそが本格的な日本における社会主義像を描きだすことになると思います。こういう問題意識をもちながら、マルクス、エンゲルスが所有形態からみた、資本主義の胎内にある社会主義的諸要素に今日の日本はもちろん国際的経験が、どのような新しい内容を付け加え、一層豊かなものにしているかを検討したいと思います。

一、マルクス、エンゲルスと今日の特徴

社会主義の要になるのは生産手段の社会化であることは、すでに検討してきたところです。したがってマルクス、エンゲルスがあげていたその諸形態について今日、新しく何がいえるかを述べたいと思います。

●株式会社問題の進化

マルクスが資本主義を「消極的」に止揚する形態としてあげた株式会社からはじめます。国際的経験からいえば、第四章でみたベトナムでの国営セクターを「株式化」し、国と従業員がそれぞれ株をもって企業運営にあたるという新しい経験がおきています。マルクスは、株式会社は資本と経営を分離し資本家が自らを「解消」していく形態であるとしましたが、国営企業の株式化という形態は、それ以上の内容をもつものになっていることに私は非常に注目します。

これと同じような角度から見ると、日本でも小さな経験ですが問題の本質としては大変興味ある現象が起きています。二〇〇八年六月に『読売新聞』に報道され、私自身も直接当事者に確認したことです。千葉県の銚子電鉄が廃線を余儀なくされようとしたとき、二〇〇四年に労働組合

がスト資金などを取り崩し、発行株券の約五七％を買い入れ、それ以後労組が営業をつづけています。面白いのは社長も従業員と一緒に仕事をしていることです。経営は苦しいが廃線で職を失うよりいいというのが組合員の意見です。

これはあまりにも小さなエピソードだと思われる方もあるでしょう。しかし、先にあげたアンドルー・グリン氏の本によれば、一九七六年にスウェーデンの労働組合は、一定規模以上の企業が年間利潤の二〇％に相当する新株を発行し、それを労働者が代表する「勤労者基金」が所有するようにし、労働者が経営機能をはたし、労働者の自治を確立するという計画を提起しました。これは財界に大きな不安をあたえたため、「ごく薄められた形での基金計画」になりましたが、それは実施されました。

運動面では、日本で市民運動のネットワークが広がるなかで、「社会的責任投資」という構想と運動がおきています。環境に配慮しない企業や、従業員に過酷な労働条件を押しつけている企業には投資しないという運動です。これは企業にたいするコントロールを強化する役割を果たすというのが運動側の論理です。またできることから何かやろうという発想でうまれたそうです（松尾匡『〝はだかの王様〟の経済学』参照）。

理論的な面で言えば、所有と経営の分離を一層社会的に徹底し、経営への労働者の参加を強化することを前提すれば、株式会社が「社会主義的経済運営のひとつの単位組織」として機能しうるという意見（佐藤誠『市場経済と社会主義』）もでています。

●多面化する協同組合

資本主義を「積極的」に止揚する形態としてあげた各種の協同組合とくに協同組合工場については、実にさまざまな形態が広がっています。以前から日本には生協運動があり、国民の消費生活のうえで大きな役割を果たしてきました。また大きな医療生協運動もあります。また重視しなければならないのは、現在の政府の福祉切り捨て政策のもとで、それに反対する運動とともに生協、NPO、NGOなどが介護・福祉事業を立ち上げたり、高齢者とヘルパーさんの共同経営による高齢者福祉生協も生まれています。

これらの運動で注目する必要があるのは、それぞれの運動の連携が進んでいることです。生協が仲介者となって消費者と生産企業をむすびつけ、消費者のニーズにこたえる生産をおこなっていく連携形態が生まれています。生協と農民連は共同で産直運動を進めています。さらに地方の金融機関が激減し、地方都市の荒廃に拍車をかけていますが、そのなかで地域の活性化をはかるために住民が個人の資金をだしあったり、地方自治体の協力をえたりして融資するという「協同金融」組織がつくられてきています（雑誌『経済』二〇〇八年八号）。生産協同組合も生まれつつあります。

国際的にはベトナムで集団セクターとして協同組合工場ができ、一〇〇〇名規模の協同組合工場が活動していることは先に述べたところです。ベネズエラでは産業から流通、食堂にいたるまで国が資金を提供して協同組合（市民共同体）をつくり、それをベネズエラ社会主義建設の支柱にしています。

●巨大独占の出現

エンゲルスがあげたカルテル、トラスト問題を一産業の支配力として見てみると、そこにはマルクス、エンゲルスが見ることができなかった巨大独占が出現しています。現在、日本では自動車製造業はトヨタ、日産、ホンダの三社にほぼ集中され、中小企業がはいる余地はありません。鉄鋼については新日鉄、ＪＦＥ、神戸製鋼、住友金属にほぼ収斂しつつあります。また巨大独占資本は国の内外に多数の子会社を系列化においています。パナソニックは一〇〇〇社におよぶ子会社を系列化しています。

国際的視野からみると、多国籍企業の熾烈な競争によって、石油、鉄鋼、自動車、電気、化学、製薬、食品・飲料、金属、航空宇宙などの分野では、五～六社、多くて一五社の多国籍企業が世界で支配的地位を占める寡占状態が生まれています。まさに生産手段の「世界化」です。

●国有化と政治

今回の金融危機のもとでヨーロッパで金融機関の国有化が進んでいることは、先に述べたとおりです。真に国民のための政府がそれをおこなうかどうかが、問題の分かれ目になることを政治問題としては提起しています。なお平時ですが一九八一年にフランスのミッテラン大統領が五大企業集団、二大鉄鋼企業集団を保証金つきで国有化したことがあります。これは結局うまくいかず民間部門に回帰する結果となりましたが、こういう例もあるということだけを指摘しておきます。

このようにマルクス、エンゲルスがあげた社会主義への諸要素が今後とも発展し、日本でも国際的にも多様な所有形態をもった新しい社会主義が準備されていくでしょう。

二、日本の「多様性ある」社会主義

日本についていえば、これらの諸要素に加えて次のことがいえます。日本では大企業の民主的規制など資本主義の民主的改革を通して国民合意のもとで、社会主義へ進むことが展望されているので、この民主化の過程でさらに新たな社会主義的諸要素がうまれてくるのは確実であるということです。

それは解決しなければならない諸課題と、また解決のために闘う側の主体の多様性からも明白です。現在の日本が解決しなければならない諸課題とは、大項目としてあげてみてもつぎのようなものがあります。

大企業の横暴の規制、投機的金融を含め金融機関の規制、福祉・医療・年金・介護をしっかりとした基礎にのせ発展させる問題、農業問題、地域社会をまもる問題、地球環境を含めた環境をまもる問題等です。

これらの課題を実現するために闘う側にも新しい変化がおこります。資本と労働の闘いを基本としつつも、全国的規模での消費者、地域住民、環境保護運動の共同と連帯が必要とされます。二〇〇八年暮れから二〇〇九年の一月五日まで東京・日比谷でおこなわれた「年越し派遣村」の設置、全国各地でおこなわれている同様な非正規社員の支援活動は、労働組合、さまざまな市民団体、婦人団体、弁護士、ボランティアが共同の輪をつくっておこなわれているものです。

民主的改革の過程で提起される課題が、このような多様な闘いによって、どの範囲と内容をもって解決しうるのかが、日本の社会主義の真に具体的特徴と内容を明確にしていくでしょう。しかし今でもいえることは、日本に「多様性ある」社会主義が生まれることです。

●ひとつの理論問題

これまで社会主義の「経済的基礎」は、国有化（農業なら集団化）だけと見なされてきました。しかしさまざまな形態で生まれてくる社会主義の諸要素が、過渡期に自然に「淘汰」あるいは「進化」することもあるでしょうが、社会主義・共産主義社会に入るまえに、意識的・行政的にどれかひとつの形態に収斂させておかなければならないという理由は全くありません。過渡期を過ぎて社会主義・共産主義社会に入ったとき、そこに複数の「経済的基礎」があらわれても、な

んら不都合はないということです。「社会主義イコール国有化」というイメージは完全に払拭されなければなりません

三、「自由」と「創造性」ある社会主義

社会主義のもう一つの特徴である「計画経済」については、それが資本主義経済の無政府性を克服するだけでなく、労働者が職場で「自由」を感じ、「創造性」を発揮するためのものであることは、すでに検討したところです。そこで強調したことは計画は下からつくり上げて調整をはかるという方法をとることが決定的に重要であるということでした。したがってここでもう一度そのことを繰り返す必要はありません。ここでは外国の経験ですが、その現実性に通じると思われる具体例をあげてみます。

●労働の新しい形態

第一に、ＩＴ産業の発展が「生産と流通の社会化」を大きく前進させていることです。これは企業のあり方そのものにも変化をもたらしつつあります。アメリカのＷ・Ｌ・ゴア・アンド・アソシエイツ社という企業があります。『〝はだかの王様〟の経済学』を読んで知ったことです

が、インターネットで調べたところハイテク繊維、医療機器などをつくり、世界の五〇の地域に八〇〇〇人の従業員をもっています。著者の松尾氏によれば、この会社では社長と財務責任者以外、誰も肩書をもっておらず、仕事の仕方は従業員の誰かが事業提案をし、それに賛同する仲間が集まり、ＩＴ機器を使って開発、製造、販売もおこなうそうです。あるプロジェクトが決まれば、誰が実施許可をあたえるのかは知りませんが、これはまさに下から事業計画をつくっていくやり方であるのに相違ありません。日本にあったＱＣ運動とは違うように思います。

同様な企業としてデンマークのオーテコン社というのがあります。インターネットの調べでは現在、世界のどのくらいの地域で事業展開をしているのかわかりませんが、ロシア語をふくむかなりの数の言語で社の説明がされているので、相当な規模で展開しているのではないかと思います。補聴器で有名な会社です。松尾氏によれば仕事の進め方は今みた会社のように肩書なしで、事業提案を誰かがおこない賛同者が集まり、ＩＴ機器を使って開発、製造、販売をおこなっているそうです。両社ともこのシステムを導入して以来、業務成績が上がっているとのことです。こういう例を見れば計画は上が作るのか、下が作るのかというような「社会主義論争」は、今日の条件ではあまり意味がないような気になってきます。

第二に、すでに述べたことですが企業の「社会的責任」が鋭く問われています。日本では七つの責任があることも述べました。この責任を大企業に果たさせるために、労働者が闘うなかで、労働者自身が全国的視野に立って企業を運営する技能を身につけることは当然です。日本の社会主義が労働者の「自由」と「創造性」に特徴づけられた社会主義になることも確実です。

私は二一世紀という視野に立てば、日本でもこのような特徴をもった、「新しい型の社会主義」が生まれうるものと確信します。

おわりに――グローバル化とマルクス

マルクス、エンゲルスは『ドイツ・イデオロギー』のなかでイギリス、フランス、ドイツなどの先進資本主義国が社会主義への突破口を開き、しかもそれは「〝一挙に〟そして同時にのみ可能」（全集三巻、三二ページ）であるとしました。これはマルクス、エンゲルスの有名な「世界同時革命」論です。しかし世界はそのように変化しませんでした。二人の誤りだったのでしょうか。

すでに検討したようにマルクスは『フランスにおける階級闘争』のなかで革命は資本主義体制の「心臓部」より「末端部」で突破口が開かれるかもしれないと考えましたし、また『共産党宣言』ではエンゲルスとともに「どの国のプロレタリアートも、当然、まずもって自分の国のブルジョアジーをかたづけなければならない」（全集四巻、四八六ージ）と述べていました。したがって『ドイツ・イデオロギー』の論点だけから二人を単純な先進資本主義諸国の「同時革命」論者とするわけにはいかないと思います。二人の革命論はその後、大いに発展しています。

しかしエンゲルスが『共産主義の原理』で、革命は「一国だけのものでなく……世界革命であ」る（全集四巻、三九一―三九二ページ）と述べたように、二人が「世界革命」論者であったことは明白な事実です。彼らは資本主義の「大工業は世界市場をつくりだして、すでに地球上のすべての人民、とりわけ文明国の人民をたがいに結びつけているので、どの国の人民もよその国に起こったことに依存している」（同上、三九一ページ）からだと主張しました。このことは『ドイツ・イデオロギー』でも資本主義は「〝文なし〟大衆を……あらゆる民族のうちに同時に生みだし」（全集三巻、三二ページ）、それぞれの民族の「変革」（同上）に導くと述べています。これはまぎれもない事実であり、その現実性はいま、一九世紀より高い次元であらためて確認することができます。

今日の経済のグローバル化がいかに各国の相互依存関係を強めているかは、国境を越えての大企業の買収・合併がすすみ、また今回アメリカに端を発した金融危機がただちに世界同時不況を起こしたことにまざまざと示されています。

このグローバル化は発展途上国だけでなく先進資本主義諸国の労働者の傾向的な貧困を共通してもたらしています。さきにあげた三菱ＵＦＪ証券参与の水野和夫氏も、グローバル化は「『中間階級の没落』が始まったことを意味する」と分析しています（前掲書）。これは不可避的に先進資本主義諸国の労働者の闘いを発展させます。また地球上の人民の闘争を発展させます。マルクス、エンゲルスの「世界革命」に関する命題は今日の世界で輝いています。

多国籍企業が勝つか、世界諸国人民が勝つか、これが鋭く問われる世界がいまつくられています。この対抗のなかで二一世紀という展望にたてば、先進資本主義国からも社会主義へ踏みだす国が現れ、本格的な社会主義への道を開く時代が到来するでしょう。それはこれまでの「一国国有化社会主義」とは似て非なる、壮大な社会主義像を人類に示すことになるでしょう。

マルクスはエンゲルスとともに『ドイツ・イデオロギー』のなかで、プロレタリアートは部分的、局地的に存在するものではなく、「世界市場を前提」にして存在する、「それゆえにプロレタリアートはただ世界史的にしか存在しえない」と述べ、全世界で労働者が社会主義へと世界史を前進させることを明らかにしました。二一世紀がこのことを実証する世紀となっていくことは確かなことです。

労働者と勤労国民こそがつぎの社会の主人公になるという、新しい世界観を打ち立てたマルクスは、二一世紀の歴史の審判台で立派に自己を「弁明」することができます。

二〇〇九年三月

筆者

著者略歴

聴濤　弘

（きくなみ・ひろし）　1935年生まれ。京都大学経済学部中退、1960年～64年に旧ソ連留学、日本共産党国際部長、政策委員長を歴任。元参議院議員。

主な著書

『21世紀と社会主義』、『社会主義をどうみるか』、『資本主義か社会主義か』、『ソ連はどういう社会だったのか』、『新ロシア紀行』（すべて新日本出版社）。

カール・マルクスの弁明　社会主義の新しい可能性のために

2009年5月7日　第1刷発行

定価はカバーに表示してあります

◉著者――聴濤　弘

◉発行者――中川　進

◉発行所――株式会社　大月書店

〒113-0033　東京都文京区本郷2-11-9

電話（代表）03-3813-4651

振替00130-7-16387・FAX03-3813-4656

http://www.otsukishoten.co.jp/

◉印刷――三晃印刷

◉製本――中永製本

ISBN 978-4-272-43080-2 C0010

文庫版

資本論［全９巻］

カール・マルクス著　岡崎次郎訳

国民文庫・全９冊セット 10900 円（税別）